U0164019

【以服喪思想為討論基點】

從《郭店簡》探究其倫常觀念

林素英◎著

目　　次

第二章　《郭店簡》服喪措施的文化意義

第六章　從「三重道德」的倫常觀念 檢視《郭店簡》的服喪措施 及其現代倫常意義

自　序

> 爲父絕君，不爲君絕父；
> 爲昆弟絕妻，不爲妻絕昆弟；
> 爲宗族朋友，不爲朋友宗族。
> 「中國死海遺書」中的微弱星點，
> 正等待再現它應有的人倫光環！

　　經過多年的醞釀，終於在兩年多以前，以《喪服制度的文化意義》為喪服制度點上一盞文化之燈火，稍解周師一田長期以來對於喪服制度的懸念。藉著這盞燈火餘暉，又在號稱「中國的死海遺書」──郭店楚簡──中，再度看到喪服文化「為父絕君，不為君絕父；為昆弟絕妻，不為妻絕昆弟；為宗族朋友，不為朋友宗族。」所閃爍的微弱光芒，它正等待有心人協助其重現應有的人倫光環！

　　是簡文中「為父絕君，不為君絕父。」似彼若此、是此非彼所滋生的混淆與模糊，以致激起彼岸諸多學者眾說紛紜之爭辯；而這些爭辯，又正好反襯出這盞「兼服」的喪服之燈亟需被擦亮、被點燃！亟需要重新展露其應有的人倫之光！

　　於是，承繼先前從喪服的正例與變例以探討喪服制度的文化意義之後，再以郭店楚簡中「兼服」的服喪措施，對照現存文獻的記載，以補充說明聖賢訂定喪服制度時的另一層考量；同時還

發現經由此服喪的補充條例，可以透顯當時社會所強調的倫常觀念。簡文中非常注重人倫中最重要的「夫、婦、父、子、君、臣」三組六位人倫中相互間的關係，認為每個人都必須各盡其應有的職分與德行；同時，人倫關係雖然以「三親」為核心，不過，卻也必須逐漸擴大至「五倫」之層次。除此之外，更因為世人不可避免地置身於三種不同向度的時空環境中，所以相對地應該實踐合乎「三重道德」的行為；不但要實踐「六德」的人倫道德，而且要實踐「四行」的社會道德，更要實踐「五行」的天地之德。藉由此「三重道德」的觀念，正可以促使現代人重新思考何者為現代應有的倫常關係。

感謝行政院國科會認同這項研究計畫，因而「從郭店楚簡的服喪紀錄探究早期儒家的倫常觀念」的專題研究，終能在研究進行當中，獲得九十年度的專題研究補助（NSC 90-2411-H-026-001），而加速研究之進行，在此謹申謝忱！

如今，本專題研究業已告一段落，為求能多多引發迴響，共同參與文化點燈、傳燈之工作，因而不揣固陋，將此研究成果報告全文付梓，同時，為配合出版需要，將全書之書名改訂為「從《郭店簡》探究其倫常觀念——以服喪思想為討論基點」，以醒世人耳目，尚祈各學術先進不吝指教！

緒　論

　　本章首先就本專題研究的研究動機與目的作一扼要說明，其次則就說明本研究的研究範圍，並略為陳述此研究範圍的重要性以及目前與本研究相關的研究概況，最後則說明本研究的研究方法、步驟與限制。

第一節　研究的動機與目的

　　概括本專題研究的動機有三，而目的有五，分別述之如下：

一、研究動機的確立

　　1993 年 10 月，湖北荊門市的郭店一號楚墓出土一批竹簡，受到美國漢學界相當高的重視。因此在 1995 年時，美國即提出配合整理的建議，希望能透過照片的形式公佈這批竹簡的原始資料。這批出土資料經由荊門博物館等專家數年的整理與辨認，復經裘錫圭審定並附加按語為釋，於 1998 年 5 月由北京文物出版社出版《郭店楚墓竹簡》，正式對外公佈竹簡資料。《郭店楚墓竹簡》出版以後，迅速引起國際漢學專家的普遍重視。北京國際

從《郭店簡》探究其倫常觀念
【以服喪思想爲討論基點】

儒學聯合會率先於1999年5月召開首次學術座談會；同月下旬，美國也在達慕斯大學舉辦一次「郭店《老子》國際研討會」，經由媒體迅速報導，這批竹簡登上「中國的死海遺書」之重要地位；緊接其後，北京學術界6月在炎黃藝術館召開隆重的學術研討會；1999年1月，由我輔大主辦「本世紀出土思想文獻與中國古典哲學研究」的兩岸學術研討會，郭店楚簡則是其中主要的論題；6月初，在東京、京都，由日本東方學會與中國出土資料學會共同主辦「楚簡所見先秦文化諸面相」的討論會；10月中旬在武漢大學舉辦規模更大的「郭店楚簡國際研討會」。自從郭店楚簡公佈以來，對於郭店古墓的探究掀起一片熱潮，而且範圍還廣及蘊藏資料更豐富的儒學題材。

由於近幾年來專心致意於喪服制度的探討，且把重點放在探求當初訂定服制時的整體文化意義，因此主要以《儀禮・喪服》為討論中心。至於郭店楚簡正式公佈後，檢視其中資料，發現直接關係服喪的資料相當少，並且不影響喪服制度的規畫，同時因為資料公佈初期，無論是文字隸定與竹簡前後的編連，都還存在著相當大的爭議，因此採取保守的策略，在《喪服制度的文化意義——以《儀禮・喪服》為討論中心》一書中（於2000年4月試印後，於同年10月正式印行），並未趕搭研究熱潮地將竹簡所提之內容納入重要議題討論，而是希望能在竹簡的文字研究較為明朗後，再行研究其相關的思想義理。

不過，在得知〈六德〉中「為父絕君，不為君絕父」的意義雖然引起參與研究之學者極大的興趣，可惜彼此的理解卻又相差甚遠，甚且還有學者以為那是反對君權的標誌，認為那是「前無

古人，後無來者」的千古絕響，因此陸陸續續有諸多大陸學者為
文參與討論。至此，始知關係文化相當深遠而且重要的服喪問
題，由於太過冷門，以致在現今的學術圈中，絕大多數的學者對
此相關問題都感覺相當陌生，所以對於該小段有關服喪紀錄的意
義不可不辨，此為從事本研究專題的原初動機。同時，更重要的
是該段服喪紀錄背後，還隱藏著文化基礎深厚的倫常觀念，而且
當時還應該藉此整套傳統文化觀念的向外形塑，以維繫當世人倫
關係之運作，所以其中的道理自然不能不加以深究，這是提出本
研究的進一步動機。另外，國際漢學界歷經兩年多的研討，在百
家爭鳴、百花齊放的情形下，雖然所爭論的問題還未有定論，不
過成績也相當豐碩可觀，因此正可以憑藉此腦力激盪的機會，作
再進一步的深究，共同挖掘這種可貴的人類共命慧；而且更令人
高興的是透過這批出土資料中的〈六德〉等篇章的相關資料，還
依稀可以整理出自孔子以來，以至於後來所謂「三綱五常」等人
倫綱常觀念的衍生脈絡，於是再進而擬以「從郭店簡的服喪紀錄
探究早期儒家的倫常觀念」為題進行專題研究。

二、研究目標的建構

影響我國社會長達二、三千年的喪服制度，順應四時之變
化，變而從宜；依循人情之所需，而將恩、理、節、權融貫於其
中。因此，喪服制度不但大力伸張親親之情，而且還積極開拓尊
尊之義，透過尊卑長幼的人倫區分與君臣相交以義的社會倫理，
對於凝聚家族成員的團結向心力，建立人世倫常的普遍秩序，鞏
固社會政治的穩定成長，都具有關鍵性的作用。由於喪服制度在

我國的社會文化中地位重要，因此《禮記》中早已歸納出服術的原則有六，分別是親親、尊尊、名、出入、長幼與從服。①這六項原則可以大體概括制訂喪服時的考量要件，且其考量順位乃是依序由前而後，亦即以親親之情的深淺厚薄為區分喪服輕重、喪期短長的首要考慮，且以尊尊之義為輔助考量條件，同時藉由親親與尊尊兩種條件的縱橫交錯，使人倫之間的主要理序可賴以確定；至於其餘有關「名」、「出入」、「長幼」與「從服」的服術原則，則為再次一層的考量原則，且賴此細密地區分，而使錯綜複雜的家族人際關係有更適當的定位，同時服喪的範圍還從原來的家族系統擴大到龐大的社會關係，且不僅止於為君服喪的尊尊大義，而是提示世人當初聖賢規畫喪服制度時，還確曾考慮到諸多細微的社會關係。倘若再深入社會關係的細微分殊，則可發現影響喪服輕重的，還有「厭」、「降」、「加」、「報」與「絕」等特殊的差異狀況，且經由這些特殊的差異狀態，分別一一代表喪服制度中更為精緻且細密的義涵。

此次竹簡中「為父絕君，不為君絕父」一句，在理解上所產生的爭議，表面上雖然可以被解讀為父權高於君權的注記，然而這種解讀法僅是孤立地就字解義，不但過度簡化兩者的相對關係，而且無法進入喪服制度「絕服」複雜而精緻的深層文化部分。甚且退一步說，此「為父絕君，不為君絕父」之記載，在竹簡中也本非孤立的一句話，因此倘若要明瞭其中文義，自然要回歸整段文句之脈絡，而不得截句為說、望文生義。因此從竹簡「疏斬布實（絰）丈（杖），為父也，為君亦然。疏衰齊戉（牡）麻實（絰），為昆弟也，為妻亦然。袒字（免）為宗族也，為朋

友亦然。為父絕君，不為君絕父；為昆弟絕妻，不為妻絕昆弟；
為宗族朮（殺、麗、離）朋友，不為朋友朮（殺、麗、離）宗
族。」②（在隸定與斷句方面仍有相當大的爭議）的整段服喪紀
錄，可以發現其中所牽涉的，並不單單只是父子與君臣關係孰高
孰低的問題，也不只是誰該為誰服喪而不為誰服喪的問題而已，
它同時關係到「父子與君臣」、「昆弟與妻」、「宗族與朋友」等
三組兩兩相對的不同人際關係之間的喪服輕重問題，所以必須做
通盤地理解與說明，不可孤立肢解以為義；同時，「為父也，為
君亦然。」、「為昆弟也，為妻亦然。」、「為宗族也，為朋友亦
然。」亦為明顯的相對為文現象，並且隱然有內外、先後之分，
而與服制中「正服」與「義服」重要而細微的區分有關，諸如此
類都需要一一加以闡說。因此，釐清此段服喪紀錄的內涵意義，
當為本研究的基本目的之一。

其次，從郭店簡中的整段服喪紀錄，清楚可見當時在處理世
人併遭君與父、兄弟與妻、宗族與朋友之喪時，必須採取權衡措
施以兼服二喪，俾能同時兼顧親親之情與尊尊之大義；而對照此
三對並列的人倫關係中，其實已經隱然出現人倫關係中，當以父
子、君臣、夫婦、兄弟、宗族為最重要，與後代之「五倫」說極
為類似。至於緊接其後的，又有「人又（有）六德，參（三）新
（親）不斷」之記載，則知所謂的「三親」其重要性實在非比尋
常。則此「三親」與「五倫」之間的關係如何，與後世所謂「三
綱五常」的關係又如何，當為本研究的目的之二。

更進一層說，透過該段對於服喪紀錄的直接記載，將可發現
其主要在於表述人世間夫婦、父子、君臣、宗族、朋友彼此之間

的相互定位問題，倘若與其他段落相互對照，又可發現在此諸多
人際關係中，當以夫婦、父子、君臣「六位」的相互定位最為重
要；由於要求相互定位恰當，因而必須辨明各自應盡之職分，且
要忠於職守；然而追溯「六位」何以應具「六職」，則又可發現
其本源於各自應當發揮六種不同之「德」。因此，由「六位」之
間的服制規畫安排，進而探討「六位」與「六職」、「六德」的
相互對應關係以及彼此的義理聯繫，當為本研究的目的之三。

　　明瞭「六位」與「六職」、「六德」的相互對應關係以及彼
此的義理聯繫以後，則知自有生民以來，人人都需要普遍實踐
「六德」之倫理規範，以維繫人類世界最基本的和諧與安定；其
次，人類由家庭進入社會以後，則必須履行社會道德，踐履仁、
義、禮、智之「四行」，以促成社會之「善」；擴而大之，當人
進入頂天立地之層次，且達到與天地併稱為「三才」之境界，則
應秉持仁、義、禮、智、聖「五行」之德，達到贊天地之化育，
且與天地參的境界。此其中的密切關係尤其需要進一步的分析與
釐清。此當為本研究目的之四。

　　大陸學者龐樸總括此「六德」、「四行」與「五行」之德謂
之「三重道德」，自有其獨到之處；不過，其中精微之義蘊則有
待深入探討，而且「為父絕君，不為君絕父」是否果如龐氏所說
的「忠孝不能兩全」難題，後來一直困擾著中國社會與家庭，並
成為恆久的悲劇題材，③實更有待詳加探究。因此，更值得進一
步推敲的，則是重新檢視這種早期儒家的道德體系，藉由簡文中
的記載與《論語》、《孟子》等相關的文獻資料相互對照，說明
禮法與人情並不互相矛盾衝突，而且「禮數」的呈現本來就必須

與時而化、隨適而易的。此當為本研究目的之五。

第二節　研究的範圍與目前研究概況

　　總計郭店楚簡中的文字雖然不算太多，但是由於其包含的範圍相當廣泛，因而參與研究的人員眾多，可供研究的題材亦相當廣，所以有必要劃定本研究的範圍，並稍微述說目前研究此相關論題之概況：

一、研究的範圍與內容

　　經由上述研究動機之確立以及研究目標之建構，已可得知本研究的範圍及內容。首先，先確定本研究的範圍如下：

　　《郭店簡》自從1998年5月正式公佈資料以來，迅速引發各地漢學家競相研究。〈六德〉中的「為父絕君，不為君絕父」雖然引起相當多的大陸學者為文討論，可惜由於彼岸學者對於關係文化意義極為深遠的整套喪服制度較為陌生，因此討論該問題時，難免偏離問題之核心。由於筆者近幾年來研究喪服制度的因緣，對於以《儀禮》〈喪服〉為中心的整套喪服制度已經理出一些頭緒，且已出版《喪服制度的文化意義》一書；所以本研究即鎖定《郭店簡》中的整段服喪紀錄為討論之始，先行探討簡文中服喪措施所展現的文化意義，然後再深入研究該權衡服喪措施中所隱藏的倫理問題，並探討其相關的倫常觀念。

　　因此，本研究的範圍即以〈六德〉中的服喪紀錄為基礎資料，並且以相關的文獻記載與之互證，希望藉由簡文與文獻的對

照互勘,整合出該時期較可能的服喪措施及其在文化上的意義。另外,同樣藉由簡文與文獻的對照互勘與交叉研究,在此基點上開拓出與此相關的倫常觀念之探討。於是從「父子、昆弟、宗族」的「三親不斷」之現象,進而探討其發展至注重「五倫」時的人倫狀況;再從人倫中最重要的「夫婦、父子、君臣」六大身分角色,探討與其相關職德之間的人倫轉折脈絡;然後再由「六位」所推衍出的「六德」之人倫道德為中心,發展至相關的「四行之善」與「五行之德」的「三重道德」層次,將人倫道德與社會道德、天地之德相連貫,形成一套體系完整的倫常觀念。最後,則希望從「三重道德」的立場,重新檢視《郭店簡》中服喪措施的合理性,再與該時期文獻中出現的人倫公案為對照點,探討《郭店簡》中的服喪措施所凸顯的現代倫常意義。

從上述的研究範圍中,本研究的內容總計分為六章:

第一章為緒論:第一節,介紹研究的動機與目的;第二節,介紹研究的範圍與目前研究概況;第三節,介紹研究的方法、步驟與限制。

第二章討論《郭店簡》服喪措施的文化意義:第一節,先以《郭店簡》的服喪紀錄為討論基點,就簡文所載與現存有關服喪問題的文獻資料作年代與思想背景的對照分析;第二節,將《郭店簡》中的服喪紀錄與文獻中的服喪措施相互對照,凸顯其如何採取權衡服喪之措施;第三節,針對簡文以及現存文獻的權衡服喪措施,探討早期儒家服喪措施在文化上的意義。

第三章討論從「三親不斷」到孟子「五倫」說的擴張性人倫關係:第一節,先從「三親」的內容以及文獻中的「三族」凸顯

「三親不斷」的義涵；第二節，論述傳世文獻中「五典」、「五常」以及「五教」之意義；第三節，分別從春秋末期以及戰國中期的社會狀況，論述孔、孟所倡人倫關係的社會背景；第四節，分別從㈠以「五典（常）」、「五教」鞏固人倫之本，㈡以「三親」確立宗族倫理之重心，㈢以「五倫」之常道建立合理周延的人倫網路等三方面，討論從「三親」到「五倫」的擴張性人倫意義；第五節，論述倫理本乎天理的道理。

第四章討論「六位」與其職德的人倫關係轉折：第一節，先行論述「夫、婦、父、子、君、臣」六種身分地位者在人倫中的地位；第二節，再行論述從「六位」到「六職」、「六德」的序列發展，乃體現我文化中以「盡職成德」的歷史傳統；第三節，分別從㈠夫婦各盡職德以成其倫理，㈡父子各盡職德以成其倫理，㈢君臣各盡職德以成其倫理等三方面，討論「六位」與其相關職德所呈現的倫理意義；第四節，論述人世間應該建立合理的人倫紀綱。

第五章討論從「六德」到「四行」、「五行」的「三重道德」：第一節，分別從㈠「聖」、「智」相輔相成以導民有向，㈡「仁」、「義」相輔相成以成就人之貴，㈢「忠」、「信」相輔相成以貫徹成事等三方面，討論以「六德」展現人倫道德之義涵；第二節，分別從㈠「四行之和」的內容，㈡「智」於「四行」中的特殊地位，㈢「禮」於「四行」中的實踐地位等三方面，討論以「四行之和」發揮人道之特性；第三節，分別從㈠「五行之和」的內容，㈡「聖」於「五行」中的統領地位，㈢「樂」於「五行」中的特殊地位等三方面，討論以「五行之和」凸顯天道

之德性；第四節，論述人人需要實踐「三重道德」之道理。

第六章則從「三重道德」的立場檢視《郭店簡》服喪措施的意義，並討論該服喪措施所凸顯的現代倫常意義：第一節，從人人必須實踐「三重道德」的立場，檢視《郭店簡》中三種權衡服喪措施的合理性；第二節，從《郭店簡》的倫常觀念重新詮釋《論語》中「其父攘羊，而子證之」、《孟子》中「瞽瞍殺人，舜竊之而逃」的人倫公案；第三節，討論《郭店簡》服喪措施所凸顯的現代倫常意義。

二、研究範圍的重要性

概括本專題研究範圍的重要性，則可分從下列各點敘述之：

㈠發掘人類共命慧以實踐文明人的天賦使命

文明，是不斷因革演進的；文化，更是持續積累轉化而成的——因此，「學術無國界」是尊重文明發展、瞭解文化演變的現代人之共識，尤其對於全世界公認的文化古國更是如此。由於學術是人類的智慧結晶，屬於人類的共命慧，因而參與研究以理解其中之詳情，更是懷抱歷史使命者所責無旁貸的；所以，無論是甲骨文的發現，或是長沙馬王堆的帛書、銀雀山竹簡、包山竹簡的出土研究，國際間的漢學研究者均投入相當大的時間與精力參與其中，這次郭店楚墓出土的竹簡，更因為墓主確定為知識分子，因而儘管竹簡數量不滿千枚，卻吸引不少國際漢學專家熱烈參與討論。國際間尚且如此反應熱烈，臺灣相關領域的研究者更該即時積極投入，為探究先人的生命智慧而努力。

㈡實踐「二重證據研究法」以掌握早期學術思想

　　自從王國維活用甲骨卜辭的資料，正式開創「二重證據」的古史研究法，將出土甲文對照傳世的文獻以考證古史，即陸續寫出大批質量俱優的重要著作。王氏之著作不但大大震撼世界學林並且享譽國際學術殿堂，同時還據此糾正不少疑古思潮者的偏頗想法，更為史學研究創立更為客觀而周延的研究法。這種利用地下文物與地上文獻的對比互勘，更為古史研究提供新視野、新方法，而為古史復原開闢廣闊的天地。這種「二重證據研究法」，即使後來由姜亮夫與饒宗頤等先生再細分為「三重證據法」，然而那只是將考古資料再行區分為無字的古器物與有字的簡牘、銘文等等資料而已，前後並無本質上的不同。此次出土的竹簡，由於完全歸屬學術著作，而且時代又最早，所以可用來掌握早期的學術思想發展概況，對於先秦儒道思想的流行區域、相互關聯、前後遞變等情形，都是重要的佐證。

㈢填補從孔子到孟子之間儒家學術思想的缺口

　　孟子雖然可以說是繼孔子之後闡發儒家思想最重要的一分子，但是在這相距長達百年有餘的歷史長河中，即使可以確定〈大學〉、〈中庸〉應與曾子、子思、孟子的所謂「思孟學派」有關，不過卻始終缺乏足夠的證據說明彼此的傳承關係與演變詳情，於是學者之間多有不同的說法而莫衷一是。如今，郭店楚墓出土的資料中儒家著作多達十一篇，其內容約略可以包含孔子、孔門弟子所作，以及子思與其弟子的子思學派所作三大類，對於自從孔子以後至孟子之前的儒家思想流變情形，可以理出一較為

清晰的發展脈絡，對於研究儒家思想史是相當重要的工作。

㈣正確辨認早期儒家人道倫理之思想內涵

儒家關懷的重點在於「人」，且始終未曾將思考的焦點離開「人」，因此「人爲貴」④、「生爲貴」⑤的文字在郭店竹簡中相繼出現，可見與人活著的相關問題，一直就是儒家思想的核心議題。從郭店簡之中，可以明顯發現以下的連鎖關係：人只要一活著，就有喜、怒、哀、樂、愛、惡、欲等來自自然之性的「人情」表現，然而「人雖有性，心無奠志」，人心更是「待物而后作，待悅而后行，待習而后奠」的，⑥因此，人心是必須經由「教」的歷程，而使之「生德於中」的。於是，只要人活著，就必須講求「人道」；要講求「人道」，則必須注重「倫理」；因而倘若不存在「夫夫、婦婦、父父、子子、君君、臣臣」彼此應具之「倫理」，即無法成爲具有「人道」之世界。這種經由具有生理條件的「自然人」，接著進展到具有各種心理反應與因果關係的「心理人」，乃至於到達實踐「夫夫、婦婦、父父、子子、君君、臣臣」兩兩相對、彼此相待的相互關係，且能各盡其分而成爲「倫理人」的一貫大道，就是儒家思想的精到要緊之處，也是本專題研究的重要之處。

㈤重新思考禮法與人情的相互關係

由於「情」是人類自然之「性」的具體呈現，因此對於「人性」的陶冶與「人心」的引導，無疑地更應該落實在對於「人情」的疏導與「情操」的凝塑上努力，所以郭店簡中清楚可見「始者

近情，終者近義。」⑦、「禮因人之情而為之。」⑧的記載，甚
且還進一步有「句（苟）以其青（情），唯（雖）忎（過）不亞
（惡）；不以其青（情），唯（雖）難不貴；句（苟）有其青
（情），唯（雖）未之為，斯人信之亘（矣）！」⑨之說，可見
「禮」與「情」絕對不是相互對抗、彼此衝突的，先秦的「禮教」
乃是透過教化的作用以昇華情感，而使人趨於理性的教化過程與
內容，而不是宋代以後壓制情欲的「吃人」工具，因此無論是
「仁、義、禮、智、聖」的「五行」，或是「仁、義、禮、智」的
「四行」，都是促成人道綱常倫理正當而合理的途徑。由於本研究
也重在闡發此綱常倫理相互之間的因果關聯，所以有助於釐清建
立倫理綱常對於人道發展的必要性，而可為目前瀕臨危墜的人倫
道德略盡挽救之力。

三、目前相關研究的概況

自從1998年5月正式公佈竹簡資料以後，不獨大陸方面投
入相當多的人力、物力從事相關的探索，世界各地的漢學專家也
積極加入討論行列，希望藉由彼此腦力的激盪，而能獲得更合理
且完美的詮釋，因此相關的專題研究一直在熱烈且持續地進行。

總計兩、三年來，諸多專家學者對於郭店竹簡的不斷研究，
從剛開始一窩蜂所掀起的研究老子之熱潮後，緊接著，則發現還
有為數更多的早期儒家思想資料等待進一步的探討，而早期儒道
之間的關係，似乎也可能經由這批出土資料而獲得適當的說明，
因此急需學術界從文字學、考古學、簡牘學、文獻學、哲學思想
史、楚國文化史等各方面展開多方討論，藉以發現其中各問題所

存在的緣由。這段期間在世界各地陸續舉行的國際型會議，無疑地對於啟發學者靈感以帶動研究進行具有極大的影響，同時由於大陸有關學術刊物，例如《中國社會科學》、《歷史研究》、《哲學研究》、《中國哲學史》、《文物》、《孔子研究》、《傳統文化與現代化》、《武漢大學學報》、《湖北大學學報》、《江漢考古》、《道家文化研究》等，紛紛開闢專欄提供研究者發表相關論文，遂使學術界呈現一片欣欣向榮之狀態，雖然對於許多關鍵性問題的爭議尚無一致之共識，但是目前所呈現的研究成績亦相當可觀。

從已經發表的論文來看，最重要也是最基本的文本復原問題，在《郭店楚墓竹簡》正式公佈以後，始終陸陸續續地有不同的考釋論文問世，例如大陸學者廖名春不但對於竹簡文字有些不同的考釋，還對早期儒家的思想與義理提出值得討論的觀點，足以引發不同向度的深層研究。另外，武漢大學由於地利之便，多有學者長期參與楚地古墓的研究，因此獲有相當可觀的成績。其中，陳偉對於文字考釋、竹簡編連特別有心得、有見地，所以不但提出〈郭店楚簡別釋〉，對荊門博物館公佈的《郭店楚墓竹簡》提出補充說明或異議，更對該資料提出相當突破性的看法，例如其所發表的〈關於郭店楚簡〈六德〉諸篇編連的調整〉就是極具挑戰性的，雖然其說法仍存在相當多值得推敲之處，不過經由陳氏重新調整竹簡編連順序的新說法，已促使研究先秦儒家思想脈絡者有更多思考的空間與方向。至於郭齊勇與丁四新師徒二人，則多從簡文所蘊含的思想入手，而有不少單篇論文與專門著作問世。凡此都是進行本專題研究時的重要參考資料。

　　在文字考釋與文本復原之外，從事於儒學思想探討的，則有
龐樸、姜廣輝、陳來、張立文、王葆玹、王博、郭沂、郭齊勇等
等，都各有可觀之成績，值得深入參考。至於李學勤與彭林等一
系，則有意從郭店楚簡與傳統儒家經典文獻做一對勘，希望透過
「二重證據」乃至於「三重證據」之研究法，俾能更準確地呈現
儒家思想的原意；復以「禮學」為儒學之重心，而郭店竹簡的出
土資料〈緇衣〉與今本《禮記》大抵無異，並且簡文又與《禮記》
中通論諸篇以及《大戴禮記》的文字互見之處甚多，因而不但可
以將通論諸篇的著作年代提前至戰國時代，還可以重新定位《禮
記》的思想與價值。由於李氏與彭氏的研究路徑與本專題的研究
主題最為接近，所以李氏之〈郭店楚簡與儒家經籍〉、〈郭店簡
與《禮記》〉、〈荊門郭店楚簡中的《子思子》〉，彭氏之〈論郭店
楚簡中的禮容〉、〈郭店簡與《禮記》的年代〉、〈《六德》束
釋〉、〈再論郭店簡〈六德〉「為父絕君」及相關問題〉等，對於
本專題研究都極具參考價值。

　　另外，徐少華、劉樂賢、彭林與魏啟鵬等，更直接對「為父
絕君，不為君絕父」問題為文展開熱烈討論。其中，彭氏將此問
題放在喪服制度中的恩服與義服作討論，將此「絕」字視為喪服
制度中的「絕服」而大加闡述；至於魏氏，則提出《禮記》〈曾
子問〉的文獻資料，以支持其改「絕」為「繼」之論說，且與彭
氏激烈論戰。透過上述各相關的學術論戰內容，可以凸顯不同的
問題癥結所在，可以刺激研究者對於該問題進行多向思考，因此
其相關論文亦極具參考價值。

　　目前屬於港台方面的研究成呆，已有香港中文大學張光裕主

編、中研院史語所袁國華合編的《郭店楚簡研究》第一卷「文字
篇」專著正式出版,至於第二卷的「疏證」、第三卷的「研究」
正在積極進行中,書中對於竹簡文字的判別與辨認有較詳細的說
明,是後之學者從事深層研究時的重要參考資料。更有周鳳五趁
芝加哥講學之便,對於郭簡編序復原做一深入研究,完成〈讀郭
店楚簡〈成之聞之〉札記〉、〈郭店楚簡〈天成篇〉疏證〉以及
〈郭店楚簡〈成之聞之〉竹簡編序復原研究〉等重要論文,指出
郭店簡中有 195 枚竹簡的外在特徵(例如:長度、竹簡邊緣修整
情況、編繩方式、字跡等)頗爲接近,文字內容以及思想傾向也
有相通之處,原整理者將這些竹簡分爲〈性自命出〉、〈成之聞
之〉、〈尊德義〉與〈六德〉四篇,其實在竹簡編連、章節編排
方面,仍可加以調整,篇題也可以重新擬定。經由周氏的調整,
使得原本整編的〈成之聞之〉,在重整爲六節後,文字與理路均
更爲清晰順暢;更在編連復原之後,以「天降大常」開端,而以
「以祀天常」作結,成爲首尾呼應、結構完整的篇章,並按其文
意訂爲〈天常〉,其說殊爲可取。周氏另外還有〈郭店楚簡〈唐
虞之道〉新釋〉、〈郭店楚墓竹簡〈忠信之道〉考釋〉等,都有
其獨到之看法,是目前臺灣方面研究郭店楚簡文字考釋工作中最
重要的學者。至於其他單篇較重要的考釋論文,則另有林素清、
黃人二、袁國華、顏世鉉等進行研究。除此之外,研究儒家禮學
的,大致以〈緇衣〉爲研究對象,且多半偏在簡本與今本之比較
以及字詞之補釋工作上,例如孔仲溫與邱德修即是,目前尚未有
專門鑽研禮學思想之論文發表,而本專題研究即是嘗試在此重要
部分做摸索的工作。

第三節　研究的方法、步驟與限制

　　雖然本專題的研究採取出土文物與傳世文獻對勘的方式，但是進一步而言，則可歸納出較細步的研究方法與實施步驟，以貫徹整個研究過程。不過，在此過程中，亦不可避免地有一些限制。茲一一說明如下：

一、研究的方法

　　本研究的重點，在於透過郭店竹簡中的服喪紀錄，對照傳世文獻《儀禮》與《禮記》的相關記載，回歸儒家最重要的「喪本於哀情」之主張，消除「為父絕君，不為君絕父」的服喪原則在於凸顯「父權高於君權」的表象意義。繼此之後，更以儒家所專重的「親親之情」為主軸，透過簡文與傳世文獻的對照比勘，重新建構其深層的人倫綱常結構；更透過當時歷史的明鏡，照亮現世普遍存在的倫理道德危機，喚醒世人知所反思，庶幾可以挽狂瀾於將倒、扶危牆之欲傾。總計本研究進行之方法如下：

㈠參與簡帛學術研討會，吸取學者精華

　　由於適逢簡帛研究屆滿百週年，因此大陸地區特地於 2001 年 8 月間，假重要帛書出土地湖南長沙召開「長沙三國吳簡暨百年來簡帛發現與研究」的國際學術研討會。在此難得而重大的學術盛會中，國際知名的漢學專家將紛紛提出論文進行討論，因此筆者先以〈郭店簡「為父絕君」在服制中的文化意義〉為題，提

交大會討論，並藉此切磋琢磨的機會達到互迸智慧火花的效果，
而為此專題研究揭開特別的序幕。由於與會學者均是簡帛相關研
究中學有專精之士，因此可以廣泛吸取眾多學者之學術精華，及
早掌握研究脈動，調整自我學術研究之腳步，促進本專題研究順
利進行，俾使本研究可以達到較為理想之地步。

㈡實地參訪湖北，並與重要研究者討論

　　由於郭店竹簡在湖北荆門出土，因此若欲深明其究竟，自然
還應當拜訪主導研究的荆州博物館，訪問負責整理竹簡復原工作
中最重要的工作者彭浩先生，從實地參觀竹簡的整理、修復情
形，感受目前的學術工作者，對於重整人類古老精神文明所投注
的心血，及其令人肅然起敬之處。更從訪問武漢大學重要研究者
郭齊勇、陳偉、徐少華等教授中，明瞭研究郭店簡過程中所發生
的困難與限制，學者之間對於不同編連法的爭議所在，以增進自
我從事相關探究時之助力。同時，再與撰寫《荆門郭店竹簡思想
研究》的丁四新博士進行相關的討論，吸取其研究經驗與心得。

㈢訪問北京主力學者、蒐羅相關研究資料

　　竹簡雖然在郭店楚墓中出土，但是重要的研究工作者卻大都
偏在北京，例如北京大學、清華大學、北京師大、中國社會科學
院等，都有相當多的專家學者以及研究生投入研究的行列，因而
其相關的討論都值得加以搜羅彙整。北京方面，不但北大中國古
文獻研究中心成立「郭店楚簡研究」小組，由裘錫圭、李家浩、
沈培等教授主導，定期舉行例會從事討論；同時，清大更由李學

勤、彭林、廖名春等教授帶領，在舉行「簡帛研究座談會」討論之外，還另外開設「簡帛講讀班」進行有規畫而且較密集的研究討論，因此蒐集本專題研究相關資料最重要、最恰當的地點，自然非北京莫屬。

更由於本專題研究與清華學者的研究主題相關性較高，因此希望透過與清華學者交流討論之方式進行腦力激盪，從彼此的切磋琢磨中迸出智慧的花朵。亦即以清華大學為主要搜索資料、進行交流討論之中心據點，就有關服喪以及「六位」、「六職」與「六德」之問題交換意見。其次，擴及鄰近的北京大學，從參與其例會討論，明瞭最新的相關研究動態，再透過向李學勤、龐樸、錢遜、裘錫圭等教授請益，藉此促進對於簡文復原工作的認識，以增進對於文本進行思想研究時擁有較可靠的準據。

只可惜此次遠赴北京蒐集資料期間，正好碰上北大中國古文獻研究中心剛剛喬遷至新處所，所有文獻正在重新整理編排中，因此無緣得見該中心的相關資料，實在遺憾。不過，此行雖然無緣得見該古文獻中心之資料，且「簡帛研究座談會」以及「簡帛講讀班」等活動，也因為暑假期間而暫時中斷，然而卻藉此時機實地翻閱北大、清華圖書館中許多有關禮學之善本書，亦可說是另一番大收穫。

雖然目前公佈的郭簡釋文仍有許多爭議，但是這並無損於相關專家學者多年辛苦整理編連之功，也不減裘錫圭教授辛勤審定覆按令人敬仰欽佩之意，同時這種來自各界所發出眾多不同的聲音，正是進行學術研究的重要歷程，更是達到深入研究令人可喜的自然現象，因此能夠即時前往北京蒐集寶貴資料，就是加速理

出該段時間儒家思想傳承與流變的重要而便捷的途徑。另外，有關竹簡編連的問題，實足以影響早期儒學思想的連貫統整，雖然專家學者已經紛紛提出不同的編連方式與說法，不過由於茲事體大，所以到目前（2001年）為止，尚未獲得一致的共識，因此若能把握此時效參加討論，定能對此專題研究有所助益。

由於到大陸實地蒐證對於本專題研究有實質性的幫助，因此與其守在臺灣，等待大陸方面或其他國際漢學家公佈研究資訊，不如掌握時效，即時前往參與盛會，不讓國際漢學界與大陸學者專美於前。畢竟臺灣的學者對於切實掌握早期儒家思想，尤其在面對一批可能導致儒學系統必須重新詮釋的出土資料，比起其他國際間的漢學研究者來，就自然還擁有一份更強烈、更不可推託的責任與義務，因此繼中研院史語所的相關小組研究簡文的考釋工作以外，更該即時再踏出另一步，深入對勘比較傳世文獻與簡文所涵蘊的思想，庶幾乎能盡早復原與闡發早期儒家之思想。

㈣簡文與傳世文獻對勘

就文物出版社公佈的簡文資料以及目前可見的研究論文，與傳世文獻比對互勘，尋繹出二者近似、互見或思想可能承接影響之處，確定簡文之服喪紀錄與現行文獻所蘊藏之思想不但不相矛盾衝突，並且二者之間還可以相互說明、闡發其義。更從簡文「六位」、「六職」、「六德」之相關記載，與傳世的「三禮」文獻詳加對比勘驗，思索其傳承與演變之脈絡，而自從孔子之後乃至孟子之間的一段學術缺口，可能因此而獲得一些補白。

(五)歸納整理以進行分析

就傳世文獻之服制系統中，歸納整理當時之人併遭二喪時，如何「兼服」的權衡措施之後，再行參照與簡文對勘所得，以如此「二重證據」重新組構人倫綱常系統，並通過「六位」、「六職」與「六德」之相關記載，進行系統分析，因而可以理解這一套人倫綱常系統的存在理由與其永續留存對於人類社會生活的必要，讓「人性」與「人情」展現其真誠實在的面向，且可以藉由禮樂的涵養與薰陶而呈現「真性情」，回歸到「人道」以「德」為本的重要課題。

(六)提出結論

經由上述一系列的專題研究討論，首先提出「為父絕君，不為君絕父」的服喪原則在服制系統中的真實義涵，然後再整理出《郭店簡》中整套服喪措施的文化意義；其次，陳述簡文中從「三親不斷」到孟子「五倫」說的擴張性人倫關係；再其次，則論述「六位」與其相關職德間的人倫關係轉折；繼此之後，則闡發所謂「人道」社會何以必須遵行「綱常倫理」，何以必須切實實踐「六德」、「四行」與「五行」這種「三重道德」的根本道理。最後，則對比文獻中的人倫公案，提出早期儒家這種「三重道德」倫常觀念的現代意義。

二、研究的步驟

按照本研究的規畫，可依照下列步驟順序進行：

(一)整理傳世文獻中有關「兼服」的服喪要義與條件。

㈡對照簡文的服喪資料，思索釋文疑義對於服制系統意義的影響。

㈢提出〈郭店簡「為父絕君」在服制中的文化意義〉之論文，於「簡帛研究百週年」之學術研討會中討論。

㈣從「簡帛研究百週年」之學術研討會中搜羅相關的參考資料。

㈤赴湖北荊州博物館及武漢大學參觀訪問，並進行討論。

㈥赴北京蒐羅最新研究動態與資料。

㈦訪問北京相關研究之學者專家。

㈧歸納整理大陸所蒐集之資料。

㈨歸納整理傳世文獻中相關之資料。

㈩將出土資料與傳世文獻對勘，進行交互分析。

㈠就分析所得之倫常結構，整理出早期儒家與此相關的倫常觀念。

㈡撰寫專題報告。

三、研究的限制

任何研究工作，都是深不見底的黑洞，等著研究者一一跳進此「萬丈深淵」，然後又永遠有許許多多意料不到的問題與困難從四面八方紛至沓來，讓眾多的研究者時時刻刻遭遇各種疑難雜症，經常感到無以名狀的氣餒與挫敗。因此，近年來的學術研究，已經極力往學術整合之方向而努力，企圖藉由各專門領域之學術工作者的共同參與研究，達到學力相加相乘之效果，促使各研究者對於研究對象有更清晰的認知，可以對研究主題提出更周

延、更成熟的看法,而非深築壁壘、自畫鴻溝,努力攻訐別人對於某一特定學門之不足,致使各研究者之間產生相消相減乃至相除之現象,致使各研究之間永遠僅能是零碎、割裂之破片,無法賴以窺見問題之全貌。因此,目前從事各項研究工作者,最重要的是認清自己的知與不知、長處與短處,尤其要清楚認知自己的不知與不足,方能努力吸取相關的學術訊息以補自己之不足,而收學術整合之功效。

　　此次選擇此專題研究,對於出土資料的運用,諸如古文字的解讀、竹簡的編連、竹簡資料所代表的年代等等相關問題,無疑地是筆者進行研究時最大的限制,因此亟待各先進學者能不吝指教,多多惠賜高見!畢竟每一項學術研究成果,雖然直接呈現的是研究者個人的研究所得,但是,它更正確地是代表研究者整理人類某一階段研究成果的理性結晶,屬於人類的共命慧!而這種人類理性的結晶,是需要同時代的人努力播種、辛勤耕耘,才可能開花結果的!期待每一位注重文化傳承的工作者都能多給予一分關懷!

注釋

① 《禮記》〈大傳〉,見於漢・鄭玄注,唐・孔穎達等正義,《禮記正義》,收入《十三經注疏》(臺北:藝文印書館,1985 年 12 月),頁 619。

② 荊門市博物館編,裘錫圭審訂,《郭店楚墓竹簡》〈六德〉(北京:文物出版社,1998 年 5 月),頁 188。

③ 其詳參見龐樸,《竹帛《五行》篇校注及研究》〈三重道德論〉(臺北:萬卷樓圖書有限公司,2000 年 6 月),頁 113-114。

⑷《郭店楚墓竹簡》〈語叢一〉，頁194。

⑸《郭店楚墓竹簡》〈語叢三〉，頁213。

⑹其詳參見《郭店楚墓竹簡》〈性自命出〉，頁179。

⑺《郭店楚墓竹簡》〈性自命出〉，頁179。

⑻《郭店楚墓竹簡》〈語叢一〉，頁194。

⑼《郭店楚墓竹簡》〈性自命出〉，頁181。

第二章

《郭店簡》服喪措施的文化意義

　　影響我國社會長達二、三千年的喪服制度，順應四時之變化，變而從宜；依循人情之所需，而展現恩、理、節、權的特質；更以仁、義、禮、智之德貫串其中，而成就仁道之具。這種以禮為節的喪服制度，大力伸張親親之情，積極開拓尊尊之義，嚴加區分長幼人倫，明定君臣相交以義的社會倫理；對於凝聚族群的團結向心力，建立人倫的普遍秩序，鞏固社會政治的穩定狀態，都具有關鍵性的價值。

　　如此規畫周密、用意深遠的喪服制度，由於現存文獻資料主要以《儀禮》〈喪服〉的記載最具規模，其餘有關之資料，則僅能依靠分散在《禮記》相關篇章的雜鈔獲得補充說明，然而因為歷來的學者對於〈喪服〉以及《禮記》所代表的年代爭議頗大，不僅多數學者以《禮記》乃漢代之作，且以〈喪服〉之體例與內容迥然異於《儀禮》其他各篇，而舊說所謂周公作〈喪服·經〉、子夏傳〈喪服·傳〉之事更不可信，因此也認為今之〈喪服〉亦應是漢人所加，導致在史料之運用價值上，一向不以先秦典籍視之，而降低其應有的學術地位。

　　《禮記》所處的年代之疑，在《郭店楚墓竹簡》問世後，有

非常重要之突破性發展。亦即由於考古學界已經公認郭店一號墓之年代不晚於300B.C.，而該批出土竹簡所載之資料又理當早於墓葬之年代，因此推斷該批資料至遲可為戰國中期或稍晚之作。由於竹簡中與禮有關之材料相當多，且與《禮記》所載之內容多有相近之處，因而可以輔助說明《禮記》中有相當多篇章應為戰國時之作品，而且還因為《郭店簡》中有一段可貴的服喪紀錄，若將其取與現存文獻〈喪服〉相互對照，則對於早期儒家之服喪措施，①可以有更可靠之說明，並藉此可以更清楚當初訂定喪服制度之意義。

有鑑於此，於是本文以《郭店簡》之服喪紀錄為討論中心，先從簡文與現存文獻的相互對照，確定二者的密切相關；其次，則藉由《郭店簡》之服喪紀錄為主軸，參照禮書所載之服喪措施，分別記載為人臣子併遭君、父之二喪，為人夫者併遭昆弟、妻之二喪，一般世人併遭宗族、朋友之二喪時，當如何權衡服喪之情形。繼此之後，則推衍出早期儒家之服喪措施在文化上之意義，並分別從封建宗法、區分內外親屬、宗族本位等方面說明之。最後，則以仁內義外之喪服文化特質作結。

第一節　《郭店簡》服喪紀錄與相關文獻記載的關係

要探測《郭店簡》中服喪紀錄所蘊藏的文化意義，首先要明瞭其中的服喪紀錄及其與相關文獻記載的關係，茲依次說明如下：

一、《郭店簡》的服喪紀錄

由於《郭店簡》中的服喪紀錄篇幅不長，為求敘述與察考之方便，謹先將簡文中出現的服喪紀錄及其前後文記載如下：

> 仁，內也；宜（義），外也；禮、樂，共也。內立父、子、夫也，外立君、臣、婦也。疏斬布實（経）丈（杖），為父也，為君亦然。疏衰齊戊（牡）麻實（経），為昆弟也，為妻亦然。袒字（免），為宗族也，為朋友亦然。為父絕君，不為君絕父。為昆弟絕妻，不為妻絕昆弟。為宗族瓜（殺、麗、離）朋友，不為朋友瓜（殺、麗、離）宗族。人又（有）六德，參（三）新（親）不斷。門內之治恩弇宜（義），門外之治宜（義）斬恩。②

從這段簡短的資料，至少可以顯示下列各項訊息：其一，發揚仁義精神為儒家思想之根本內容；其二，重要之人倫關係，有內外親之區分；其三，制定喪服以居於內位之親屬為根本考量，至於相對外位之人倫關係，雖然採取參酌辦理的方式服喪，不過在併遭內外二喪時，則另有權衡機制；其四，三組六位的內外人倫關係，又分別以主於恩或主於義之不同差異而存在；其五，「三親不斷」成為後世「五倫」之張本（參照第三章專文討論）。

二、《郭店簡》服喪紀錄與相關文獻的關係

簡文的服喪紀錄雖然無法在現有文獻中找到完全相同的記

載，但是有些僅與《儀禮》〈喪服〉所載有詳略之差異，有些則與《禮記》所載幾無二致：如〈喪服〉記載較詳，爲父與君皆在斬衰三年之行列，所服爲斬衰裳，苴絰、杖、絞帶，冠繩纓，菅屨之裝束；爲妻則齊衰杖期，所服爲疏衰裳，齊，牡麻絰，冠布纓，削杖，布帶，疏屨；爲昆弟齊衰不杖期，所服與齊衰杖期大致相同，僅由杖改爲不杖、疏屨改爲麻屨而已；至於朋友，則相爲弔服外加麻絰、帶而已；③簡文與〈喪服〉所載雖有佩戴詳略之別，不過內容大體不差。另外，〈大傳〉有「五世祖免，殺同姓也。」之記載，〈喪服四制〉也有「門內之治恩揜義，門外之治義斷恩」④之紀錄，則與簡文之內容更爲接近。

從對比簡文之服喪紀錄與禮書之相關記載，可以發現兩者大抵相合，可見二者所代表的年代可能相去不遠。追溯現存《儀禮》〈喪服〉先〈經〉後〈傳〉，並且〈傳〉中有〈傳〉，篇末還附有〈記〉之特殊合編體例，雖然應以馬融（79-166）、鄭玄（127-200）居首功，不過早在西漢成帝（32-6B.C.在位）以前，《喪服經》與《喪服傳》不但已經分別流行，同時還各有抄本，⑤可見成帝以前社會上的服喪情形已經相當普遍，才有必要發行不同的版本。

至於今人沈文倬，則根據喪禮進行的特性，而認爲〈喪服〉、〈士喪禮〉、〈既夕禮〉以及〈士虞禮〉四篇的關係密切；因爲喪禮節目的安排，不但必須配合〈喪服·經〉之規定進行，而且典禮進行時穿戴特殊之服裝亦是理所當然之事，因而認爲此四篇應是同時撰作的。沈氏更進而推斷此四篇寫成之時期，應在魯哀公末年到悼公初年之間，亦即周元王、定王之際，約當西元

前五世紀中期。至於〈服傳〉為解經之作，又受到《禮記》論禮諸篇相當大的影響，因此撰作的年代應在《禮記》論禮諸篇成書之後，亦即約當周慎靚王以後（315B.C.）至秦始皇三四年（213B.C.）焚書以前。⑥由於《郭店簡》的材料應存在於300B.C.以前，因此《郭店簡》的服喪紀錄與《禮記》論禮諸篇以及《喪服傳》的形成時期相去不遠，以致其所載文字彼此雖然稍有出入，不過就整體內容而言，並無太大差異。

經由出土資料與現存文獻之對勘，更可以相對證明戰國時期的喪服制度已經具備相當規模，因而若欲深入理解簡文中服喪思想之真正涵義，確實還應透過更完整的喪服制度方可以窺其全貌；至於要理解早期儒家服喪措施之規畫真義，亦必須透過簡文之記載，從相互檢驗、相互參照中，獲得較周全之看法。

第二節　《郭店簡》服喪紀錄與相關文獻的服喪措施所凸顯的問題

由於喪服制度的規畫，本為凝聚親族之間血濃於水的感情而設，在親屬眾多、親族網絡又十分綿密的情況下，加上死生有命，所以不免有人會遭遇前喪未除，而後喪又起之人生大遺憾與悲哀，因此〈雜記〉與〈間傳〉中即載有許多則遭遇輕重不等之親喪應如何「兼服」之狀況。⑦而概括上述「兼服」輕重親喪之類型，即可以發現「輕者包，重者特」、「以服重者更易服輕者」為「兼服」二喪時的根本原則，亦即當前喪應舉行練、祥之祭與除服之時，皆按時舉行，代表前喪之有時而盡，事畢，則再行重

返後喪應服之服。

簡文中直接關係服喪情形者，除卻說明為父、君、昆弟、妻、宗族以及朋友服喪時的穿戴狀況外，主要在於說明世人倘若併遭此並立的三組人之喪事時，應採取何種權衡之道。由於簡文過於簡單，倘若不參照相關文獻之記載，非僅無法正確理解其中真義，甚且還因為望文生義之緣故，而徒然滋生許多無謂之困擾⑧，因而以下即按照簡文所載之三大組服喪條例，對照文獻之相關資料而作整體之說明：

一、併遭父與君二喪時的權衡

簡文首列「疏斬布實（經）丈（杖），為父也，為君亦然。」以說明為父與君服喪時之穿戴情形。若將簡文對比〈喪服四制〉「資於事父以事君，而敬同；貴貴、尊尊，義之大者也；故為君亦斬衰三年，以義制者也。」⑨之記載，則可以清楚發現斬衰之服本為親父至尊而設，至於為君（包含天子、諸侯、卿大夫之有地者），⑩則為外推對於親父之尊與敬，而至於「貴」社會之貴（卿大夫）、「尊」邦國天下之尊（諸侯與天子）的結果。由於父與君分別代表家與國，因而此二者之身分地位最為尊貴重要，所以禮書對於為人臣子者併遭此二喪時的各種差異情況，分別有詳細之分殊。

同時由於封建、宗法制的關係，因而君與父之間，經歷「君父合一」、「君父相擬」以及「君父相離」之不同階段（此三階段，請詳後面「封建、宗法與喪服制度關係密切」之討論），可知當君與父的關係相離，亦即君而非父、君父不相合一的狀況

時，則自然以父處於親近之內位，而以君居於相對較疏遠的外位，所以在人際關係講求由內而外、由親而疏的原則下，親親重於尊尊、父喪重於君喪的道理已可無疑義。若以此說對照《孝經》所載「資於事父以事母而愛同，資於事父以事君而敬同；故母取其愛，而君取其敬，兼之者父也。故以孝事君則忠，以敬事長則順。」⑪則可見父由於兼有至親與至尊之身分，因而能享有愛與敬雙極之地位，且推此孝敬之道以事君長，即可以成就忠順之美；然而當父喪與君喪二者發生衝突時，則須注意此二者相互之間應當如何協調以求其妥。

以下即透過〈曾子問〉的兩段文獻記載，可以發現禮有「權而得其宜」的變通之道，更可據此而知親親與尊尊之間必須講求複雜而微妙的平衡關係：

曾子問曰：「君薨，既殯，而臣有父母之喪，則如之何？」孔子曰：「歸，居於家，有殷事，則之君所，朝夕否。」曰：「君既啓，而臣有父母之喪，則如之何？」孔子曰：「歸哭，而反送君。」曰：「君未殯，而臣有父母之喪，則如之何？」孔子曰：「歸殯，反於君所，有殷事則歸，朝夕否。大夫，室老行事；士，則子孫行事。大夫內子有殷事，亦之君所，朝夕否。」⑫
曾子問曰：「君之喪，既引，聞父母之喪，如之何？」孔子曰：「遂，既封而歸，不俟子。」曾子問曰：「父母之喪，既引，及塗，聞君薨，如之何？」孔子曰：「遂，既封，改服而往。」⑬

透過上述曾子與孔子一問一答的文獻紀錄，從「大夫，室老行
事；士，則子孫行事。大夫內子有殷事，亦之君所。」之記載，
首先可以確定此處所謂之「君」，當指諸侯以上之「君」，因此其
所屬之臣，即可包括大夫、士；所以此處之臣為「君」服喪，均
屬於斬衰中之正斬，與為父所服之喪服毫無差別。至於為大夫之
「君」服喪，則由於大夫之地位較低，因而大夫之家臣為大夫雖
然仍服斬，不過僅為「義斬」，而非正斬（有關「正斬」、「義斬」
之詳情，參見後面「封建、宗法與喪服制度關係密切」部分之說
明）。另外，綜合此兩段文獻，又可以歸納出孔子分別從未殯、
既殯、啟殯、發引等四個進行喪禮的重要時刻，分別考慮君喪與
父喪應如何平衡之問題，從中還可以觀察儒者所進行的權衡服喪
之道：

㈠君未殯，而臣有父母之喪

雖然從始死至於停殯之前，死者都要歷經招魂的復禮、沐
浴、飯含、襲冒、小斂與大斂等儀式節目，然而因為彼此所處的
社會階級不同，以致為死者安排的各項儀式節目內容，在複雜與
繁瑣的程度上也相對有別，因此有「天子七日而殯，七月而葬。
諸侯五日而殯，五月而葬。大夫、士、庶人三日而殯，三月而
葬。」⑭的區分。由於大夫以下皆為三日而殯，而諸侯以上則或
者五日、或者七日而殯，因此面臨君薨未殯又逢父母之喪的時
候，自然應詳加衡量事情之輕重緩急，先歸於自家，在三日之內
處理父母停殯前之一切事宜，然後再趕赴君之處所，協助處理相
關事宜。大夫之妻由於身為命婦，與大夫共享一體之尊，雖然不

必參與國君之朝夕奠,不過遭逢為國君舉行朔月奠、月半奠以及薦新奠之時,還必須與大夫同赴國君之處所共同致敬盡哀。在這段協辦國君喪事之期間,為父母每天所舉行之朝夕奠只好採取權變方式,由室老或子孫代為主持;不過,這段期間內假若遭逢為父母舉辦的朔月、月半以及薦新之奠,仍然必須趕回家中致敬盡哀。

　　從國君縱使尚未停殯,人臣倘若遇有父母之喪,也必須先歸於家中處理親喪看來,已可顯現父母親喪之隆重與刻不容緩;且必待父母停殯之後,方可再至國君之處所協辦喪事,足見人子居父母之喪與君喪相較,的確具有優先性。同時,如此交互安排為父、為君服喪誌哀,又可以說明當一個人面對父與君雙重正斬之喪時,即必須謹慎權衡輕重緩急,不可缺席任何較重要之喪禮儀節,方可以盡人子或人臣之哀,且使親親與尊尊之間能獲得較妥善的協調。孫希旦即根據本段文獻記載,認為文中所述之狀況,旨在說明當一個人併遭君親之喪時,則必須權乎已殯、未殯之差異情形,以為緩急輕重之節,務必使恩與義得以交相盡而無憾,此即表示禮之深入人心之處。⑮

(二)君既殯,而臣有父母之喪

　　倘若國君已經進入停殯之階段,人臣始有父母之喪,則一來因為國君以上停殯之期間長達五月或七月之久,而治喪事宜至此又已經暫時告一段落,再者因為父母之喪乃天下之達喪,所以縱然貴為一國之尊君,亦無壓制人臣而奪人喪情的道理,因此人臣自應即刻返回家中為父母治喪盡哀,準備在三個月之內安葬父

母。不過，人臣在歸家處理喪事期間，倘若遭逢國君舉行朔月、
月半以及薦新等較大之奠禮，亦須前往國君之處所行禮誌哀，至
於爲君每日例行之朝夕奠，則由於父母親喪重於君喪，因而爲人
臣者亦必須有所割捨。如此盡心盡意交互爲國君與父母致敬盡
哀，足以顯現人子在盡心服喪誌哀以盡親親之情之餘，尚且必須
注意何時應該克盡人道尊尊之大義，亦即人道雖然以親親爲重，
不過卻又必須與尊尊取得一定程度之妥協。

(三)君啓殯，而臣有父母之喪

喪禮進行至啓殯之儀節，代表緊接在朝祖之後即將進行安葬
之大典。⑯人臣於此時而突然遭遇父母之喪，則縱使國君即將大
葬，人臣亦須即刻回歸家中哭喪以盡人子之禮；行哭禮之後，再
趕赴爲國君送葬之行列以盡人臣之禮。在送葬儀式即將舉行之
前，人子尚須先行返家盡哀，足見父子親情對於人道而言，比起
君臣之義，是更爲根本、自然而無法取代的。

(四)君既引，而臣聞父母之喪

啓殯朝祖之後，再歷經大遣奠與讀賵、讀遣之儀節，即將靈
柩移上柩車，然後執引而行。執引之人數隨死者所屬階級之不同
而各有定數，⑰其他送葬之行列則隨行於後，因而當喪禮進行至
執引之儀式，則表示國君出殯之行列已正式出發，且即將進入安
葬入窆之最重要儀式，以致身爲人子者，此時就必須暫時按捺住
心中對父母之哀情，繼續參與爲國君送葬之典禮，以盡人臣之
禮，並避免擾亂浩浩蕩蕩的出殯隊伍。然而在國君之靈柩入窆以

後，遭遇親喪之人臣即先行返歸家中哭喪以盡人子之哀，而不再
等待封墓之後始歸。

　　此處雖然不見人子即刻返家奔喪之安排，然而由於國君之靈
柩既已執引，則已進入喪禮之最重要階段，且已接近尾聲，因此
衡情論理，人子為父母盡哀雖然意義深重，不過畢竟尚有一段較
長的時間可以誌哀盡孝，但是為國君服喪盡義，此時則為最重要
之時刻，自然不宜臨時退卻，所以為人子者亦應忍一時之哀情而
先申為君尊尊之大義；一旦靈柩入窆，有父母之喪者則即刻奔喪
返家以盡親親之人情，而不再等待嗣君封墓之後始反歸。由此仍
然隱約可見國君有不奪人臣哀情之處，只是在時間相當緊迫時，
仍須考慮通權達變之需要，以展現人道亦有不以親親害尊尊之細
微設想。

㈤父母之喪既引，聞君薨

　　與上述情況相對反，則為父母發喪到達執引出殯，而聽聞君
薨之消息時，應該如何服喪之情形。由於此時出殯之行列既然已
在途中，而且入壙安葬之事又最為重大，因此仍然繼續為父母進
行安葬之禮，待父母之靈柩入窆，始更改出殯所著之斬衰服飾，
而以括髮、徒跣，布深衣，扱上衽之裝束，至國君之處所哭喪。
鄭玄即稱此改服哭喪為「不以私喪包至尊」，[18]且亦應是文獻所
載「有君喪服於身，不敢私服」[19]之義，代表人子在盡親親之情
之餘，仍須盡人臣尊尊之大義，使親親與尊尊之間取得一定程度
之平衡。

　　文獻對於君喪與父喪衝突時的權變平衡之道既已如上所述，

對照簡文「爲父絕君，不爲君絕父」所載，亦在說明人臣併遭
君、父二喪時的處理之道。劉樂賢教授以爲所謂「絕」（以及稍
下的「殺」均同），乃是喪服用詞，是「減殺」之意，亦即「當
服父喪與服君喪衝突時，可以將君服做減省，而不是爲服君喪而
減省父喪」。⑳然而彭林教授卻認爲典籍中之「絕」，均無「減殺」
或「減省」之義，以爲「爲父喪減省君喪」在禮書中得不到證
明。㉑若從文字的形義而言，「絕」字之義及其在一般典籍中的
用法，的確應如彭氏所質疑者，均無「減殺」或「減省」之義，
且應作「斷」字解，意指「斷而無服」之義，此固然可自成一
說，然而卻應與喪服中因爲「絕族無施（移）服」、天子與諸侯
「絕旁期」的「絕服」有別。魏啓鵬教授則主張以「繼」代
「絕」，認爲「絕」因爲無「減殺」或「減省」之義，所以無法與
喪服制度中的「減殺」措施連結，然而倘若更換以具有次於上、
居於後，而包含減降義涵之「繼」，即可以消除此困難。㉒

　　至於簡文中究竟爲「絕」或「繼」的問題，則由於郭店簡該
段文字中四處「絕」或「繼」的刻法本身並不一致，因此彭氏早
有「我們有理由認爲，前三字是『絕』字誤寫或省寫；或者說，
楚簡中『絕』與『繼』不甚分別」之說；復以「繼」與「絕」具
有相反爲訓，絕則繼之，繼必由絕的特殊緣故，因此古時流行之
文本中，此二字之字形亦不甚區別。㉓既然「絕」與「繼」具有
此反相爲訓的微妙關係，則置於喪服制度中探尋其服喪意義之
時，自然不能忽略此一層特殊關係；尤其再與上述〈曾子問〉的
文獻兩相對照，從爲人子、爲人臣者併遭父喪、君喪之雙重喪服
時，則必須權衡輕重緩急，採取情義兼顧、交互服喪以盡哀的措

施，亦即先服父喪至於停殯（或者安葬），然後趕赴國君處所協辦治喪以盡哀；此亦與簡文「為父絕君」之意相當。倘若究其實，如此交互為父、為君服喪，亦可說是暫時斷絕為父所服之喪，而改服當時為君應服之服；而當其參與國君之「殷事」再重返為父服喪時，亦是暫時斷絕為君所服之喪，如此交相更替（先君喪後父喪之時，亦採取相對的措施），至於除服為止，則「絕」與「繼」乃是交相而為之。至於簡文「不為君絕父」，則意指先遭君喪時，由於國君或者五日而殯五月而葬，或者七日而殯七月而葬，均較大夫以下三日而殯三月而葬之期間長久，因而為人子者不能等待君喪處理完畢始返家哭喪，而須暫時中斷為君所服之喪，先行返家哭喪以盡人子之哀；此又與〈曾子問〉之記載相互吻合。

　　雖然劉氏、彭氏與魏氏對於簡文的解讀不盡相同，不過彼此皆同意此句簡文必須放在整體喪服制度中討論，始能透徹明瞭其原義。雖然「絕」或「殺」或「繼」彼此仍然有別，不過的確也有「類同」之實，又皆可以歸屬於服喪條例「變例」中的「降服」條例部分討論㉔，但是此句簡文與其說是在討論併遭二喪時如何降殺之問題，不如說更在凸顯「兼服」君父二喪時，服喪者該如何權而平衡之問題，且從其權而平衡之道，又可以說明「服術」的六大原則終究以「親親」為首，卻又必須設法兼顧「尊尊大義」的道理。

二、併遭昆弟與妻二喪時的權衡

　　從服喪的根本要義，解決「為父絕君，不為君絕父」在於凸

從《郭店簡》探究其倫常觀念
【以服喪思想爲討論基點】

顯親親重於尊尊的主題之後，其次，則要面臨如何解決「手足昆弟」重於「胖合之妻」的情況。因此簡文繼爲父與君服喪之後，再作「疏衰齊戊（牡）麻實（経），爲昆弟也，爲妻亦然」之喪服佩戴說明，然後再紀錄爲人兄弟與爲人夫者併遭此二者之喪時，應該採取「爲昆弟絕妻，不爲妻絕昆弟。」之權衡措施。從簡文所載而言，顯而易見的是齊衰喪服之制訂，以平輩的「手足之親」兄弟爲基準，然後推而及於因爲婚姻關係而成立的夫妻關係，因而當一人併遭此二喪時，應採取何者爲優先的服喪對象亦是相當清楚的。若將此爲昆弟與妻之服喪規定，驗諸〈喪服〉之服喪條例，則爲昆弟服齊衰不杖期，爲妻則服齊衰杖期，似乎有爲妻服喪重於爲昆弟所服之嫌；然而若能深入其造成「杖」與「不杖」之差別原因，則知夫爲妻之服並不相對重於爲昆弟之服。

從「至親以期斷」㉕之記載，可知齊衰期之喪服乃是爲一般至親之基準服。然而齊衰期之喪服又有齊衰杖期與齊衰不杖期兩種，要判定何者方爲一般至親之基準服，則主要可從「杖」之作用加以判別，其次，則參考〈喪服〉之相關記載。由於「杖」具有象徵爵位、喪主之作用，亦有用以輔病之實際功能，而參與喪禮者，未必人人擁有爵位，而喪主亦僅有一人，且並非每一服喪者皆有哀痛逾恆、痛不欲生之錐心痛感，因此以杖輔病亦非人人所需，所以均不宜以「杖期」作爲期服之基準服。另外，〈喪服・記〉之中，還特別提及齊衰不杖期之女子服飾，由此可知齊衰不杖期服制之重要性，所以必須再以「記」的方式作補充說明。經由上述兩項理由，可以說明「齊衰不杖期」應爲期喪之標

準服。

　　既然齊衰不杖期為期喪之標準服，而〈喪服〉所載為昆弟服
齊衰不杖期，即是按照為一般至親之基準服服喪，至於為妻雖然
列入齊衰杖期之列，然而此之所謂「杖期」也非為妻服喪之定
制。因為倘若夫為長子，則妻為嫡婦，假若嫡婦死時而舅仍健
在，則舅應為嫡婦主喪，則此時夫之心中雖然哀痛，然而亦不杖
於喪位，此即〈喪服・經〉所謂「大夫之適子為妻」齊衰不杖
期，也是〈喪服・傳〉所謂「父在，則為妻不杖。」之道理；㉖
亦即夫之為妻有「杖」與「不杖」之區別，端視妻沒之時，父是
否仍然健在以為嫡婦主喪而異，並無夫為妻服喪重於為昆弟之
意。因為昆弟與妻對於自己而言，皆屬於同一輩的至親人倫關
係，服喪亦是等量齊觀的。至於為昆弟服喪，則僅有齊衰不杖期
一種情況，因為倘若昆弟沒之時而父仍然健在，則父為喪主；倘
若父已先昆弟而卒，則昆弟之喪理當由昆弟之子主喪；因此無論
父在或父已卒，為昆弟均為齊衰不杖期。

　　上述所論，乃就〈喪服〉之服喪條例而討論為昆弟與妻服喪
之差異狀況，以下則再就簡文所載而論述之：

　　〈六德〉歸納出人類社會有夫、婦、父、子、君、臣三組六
位最根本的人際關係，且此「六位」之成員必須各秉其智、信、
聖、仁、義、忠之「德」，以各盡率人、從人、教者、學者、使
人、事人之「職」，而成就夫夫、婦婦、父父、子子、君君、臣
臣之人倫關係。㉗

　　在此「六位」、「六德」、「六職」的相互關係中，「六德」
乃是人類天賦不可勉強的德性，「六位」則為人世間具有主體操

作能力之樞紐，因而最需要認清各人所處之「名位」，然後方可以責求其應盡之「職」，此即孔子特別注重「正名」，認為應該做到「君君、臣臣、父父、子子」[28]之本義，也如《呂氏春秋》所載「凡為治必先定分。君、臣、父、子、夫、婦六者當位，則下不踰節而上不苟為矣，少不悍辟而長不簡慢矣。」[29]之道理。由於循其「名」而處其「位」實居於是否能盡職成倫之關鍵地位，所以有必要再行細密區分以求明確，因而將此六大「名位」再分為內、外位，於是以父、子、夫為內位，而以君、臣、婦為外位，自此可以配合由內而外、親親而尊尊的順序，以便更妥當地發展人倫。[30]

將「六位」區分內、外以後，可以清楚發現「婦」劃歸「外位」之部分；既然屬於「外位」，則在優先性與重要性上就略遜於「內位」。由於「婦」在宗族中的意義與地位更高於「妻」，[31]因而「婦」既然已經歸屬「外位」，則「妻」當然更屬於「外位」而無疑。至於「昆弟」，雖然不見於此「六位」之中，不過從此內、外分位的特性推論，「昆弟」的屬性應該歸於父、子、夫的「內位」部分。

將同屬於「一體之親」的「手足昆弟」與「胖合之親」內、外歸位之後，當面臨同服齊衰期的昆弟與妻必須再行區分服喪的輕重、先後之時，倘若依照服喪者與服喪對象發生親屬關係的先後而論，則「妻」的名分終究是由於後起的婚姻關係，而始與夫建立「胖合之親」的「私親」至親關係，妻與夫雖有至親之實，然而無法改變其終究僅屬於夫「一體之私親」，總不及「昆弟」之間，從出生開始即具有手足「一體」關係之先在性；倘若論及

血緣之關係，則妻又遠遠不及昆弟之間擁有先天血緣之親，因而
當昆弟喪與妻喪衝突時，則以服內位之昆弟喪為先，先為昆弟盡
哭喪之禮，以盡血緣親親之情，然後再返回妻停殯之所以盡夫妻
之私情。大陸學者郭齊勇、羅新慧以及徐少華等，都主張簡文乃
以血緣關係區分內外。㉜

　　另外，從《左傳》雍姬之母謂雍姬「人盡夫也，父一而已，
胡可比也！」㉝之記載，可以說明為父、為夫雖然都同服斬衰，
然而由於父子具有先天血緣，夫 妻則為後設人倫，彼此仍有差
異。同時，從「人盡夫也」相對而言，則「人盡可妻」的非決定
性，亦應為當時世人之共識。亦即由於昆弟之間具有先天血緣的
不可變性，而夫妻之間則僅為後起的道義胖合關係，並無絕對不
可變性，所以能確立「為昆弟絕妻，不為妻絕昆弟」的服喪原
則，此足以顯示當時注重先天的手足親情甚於後天的夫妻私情之
文化現象應已成形。

三、併遭宗族與朋友二喪時的權衡

　　繼兼服斬衰、齊衰時應如何權衡服喪之後，郭店簡更提出第
三類遭遇無服之親喪與朋友之喪時，該如何處理此衝突現象的方
法。根據「四世而緦，五世袒免」的服喪原則，五世之親雖然已
經不在「五服」的範圍內，但畢竟還算是宗族之親，只是由於同
姓的關係已相當疏遠，因此僅以袒露左臂而著免的方式誌哀。

　　至於朋友，雖然並非親屬，但是同道為朋，同志為友，㉞
《論語》即有「君子以文會友，以友輔仁。」㉟、「四海之內皆
兄弟也」㊱之記載，《禮記》也有「獨學而無友，則孤陋而寡

聞。」㊲之說，可見朋友有切磋琢磨、相交為善之義，實具有同道之情誼，對於一己德業之成長，均具有極大的助益。因此朋友雖然不在五服之內，但是仍有為之服弔服而加緦之経帶的禮數；㊳倘若彼此均身在他邦，尚且有為朋友加隆哀情而行袒免之禮。㊴為朋友而袒免，則與為五世之宗族相同。

為朋友雖然可以因為在他邦之緣故，而加至袒免之禮，不過論其本，則實無任何親屬關係；而為五世之宗族雖然因為親情已疏遠而無服，但是彼此仍然不失為宗親，亦即六世以下雖然不再為之特別訂定親屬之專有名稱，然而由於彼此仍然擁有「百世不遷」之共同大宗在，並且具有「繫之以姓而弗別，綴之以食而弗殊，雖百世而婚姻不通。」㊵之事實，因而若就親屬關係而言，袒免之宗族仍然親於朋友。

由於服喪者與死者有無親屬關係，是決定喪服之有無與輕重的最重要依據；因而倘若同時遭遇宗族喪與朋友喪，在服喪以親為本的情況下，當然應該區分有親與無親之根本關鍵，而採取「為宗族乜（殺、麗、離）朋友，不為朋友乜（殺、麗、離）宗族」之措施。

第三節　早期儒家服喪措施在文化上的意義

綜合上述以《郭店簡》的服喪紀錄為主，並結合禮書相關記載所作之討論，可以概括出早期儒家服喪措施在文化上的意義：

一、封建、宗法與喪服制度關係密切

周朝立國前後綿延八百多年，非僅因為周人懂得「殷鑒不遠」
的歷史教訓，知道奮發圖強，卒能達到「殷憂啟聖」之效果，其
尤為要者，乃在於周初之主政者能以高瞻遠矚的寬廣視野，訂定
與施行各項足以達到國家長治久安之制度。王國維（1877 -1927）
即認為欲觀察周朝所以定天下之道，當自其所立之制度開始。而
周代制度之大異於殷商者，首先當屬立子立嫡之制，由此而衍生
宗法及喪服之制，並由此而有封建子弟之制、君天子臣諸侯之
制。[41]這種集封建、宗法、喪服三者合一之制度，是維繫周朝命
脈的根本制度與人倫彝法，不但關係政治版圖與政治勢力之擴張
與分配，同時也關係家族的世代繼承與宗族向外發展的可能，更
透過嚴密精細的喪服制度，開發人類潛藏的真摯情感，藉由「有
服」與「無服」區分內外，且以喪服的輕重精粗劃分情感厚薄，
使彼此親疏遠近之情得以自然流露，更進而可以將原有的親情聯
繫昇華至人道之關懷，且能具有知恩圖報的高尚情操。藉由喪服
制度之聯繫，於是封建與宗法成為有機之結合，遂使君天子與臣
諸侯之間，無論或以亦君亦父之人倫親情，或以君父相擬，乃至
純為君臣以道義交之不同情愫互相配對結合，皆由各種不同的角
度縮結成堅固的綱維系統，支撐周朝國運長達八百多年。

從為父服斬而能外推以至於為君亦服斬，其最主要的原因乃
在於周代推行封建、宗法制的關係，再加上周代極力推行「嫡長
制」的繼統法，因此天子與諸侯對於太子與世子而言，就是標準
的「人君亦人父」；相對的，太子與世子對於天子與諸侯，則是

標準的「人臣亦人子」；此即「君之於世子也，親則父也，尊則君也。有父之親，有君之尊，然後兼天下而有之。」⑫之情況。在這種亦君亦父、亦臣亦子的情形下，君臣與父子之間不但具有濃厚的人倫親情，臣子對於君父同時還應實踐社會所推崇的尊尊之義，因此世子與太子對於君王，不但應當克盡人子孝親之情，也必須履行人臣忠君、敬君之義，所以君父享有兒臣為己服斬衰三年之重喪，自然是順理成章之事。

至於天子對於同姓諸侯，除卻上述具有父子關係者外，另外還有君臣間具有伯叔子侄等「諸父猶父」、「兄弟之子猶子」⑬之關係者，此類為人臣之子侄亦可比照為親父之禮而為天子伯叔服斬衰；第三類，則為君臣間具有兄弟「一體之親」的親近關係者，此即〈喪服小記〉所明載的「與諸侯為兄弟者服斬」。⑭

至於天子所分封之異姓諸侯，或者為功臣，與王室具有親密之政治軍事聯繫，或者與王室具有婚姻關係，因此天子亦時常以伯舅、叔舅稱之，所以彼此同樣具有人倫親情之基礎。甚且追溯昔日「舅權」極盛之時期，還存有「舅亦如父」之民俗，⑮因而臣為君亦可比照人子為父服斬之最重喪等處理。

天子與諸侯第一層封建、宗法關係下的君父關係以及為君服斬之理由，既已如上所述，至於諸侯對於大夫第二層次之分封，由於類同於上，因此其君父相擬之狀況，亦可從而得見。至於第三層次的封建領主大夫，在爵位世襲的情況下，繼承者對於位居大夫之親父而言，也是「亦君亦父」、「亦臣亦子」之關係，因此君父之關係亦同於上。然而大夫與其他家臣之間，則由於家臣雖然可以擁有祿田，不過卻無法取得該土地之所有權，因此家臣

必須更賣力為大夫工作，促使自己所效命之大夫可以在政治、經濟上獲得更好的發展；而家臣即藉由大夫之獲益，間接提高自己之利益，所以二者之間其實更具有禍福與共、休戚相倚的關係。由於這類家臣對於大夫而言，除卻政治上的從屬關係以外，還有更實際的經濟仰賴關係，所以彼此縱然並無宗族血緣關係，但是家臣對於大夫，卻更易於克盡宛如人子的「死忠死孝」之道，有此特殊因緣，所以家臣為此類大夫之君，亦可比照子之為父服斬衰之方式辦理。

各級封君與直接隸屬之封臣間，由於君父相擬的關係，臣之為君明顯由親親而擴大至於尊尊之層次，因此從為父斬衰而類推之，則有「為君亦然」之服喪文化。由於為父服斬乃發源自人類更本然而具的親親哀情，所以親親的服術原則不但在制定喪服時更具有優先性，而且其重要程度亦相對更高。

基於人情之本然與封建、宗法制在當時社會的推行，因此〈喪服·斬衰〉該章，於首列人子為父服斬之後，緊接其下，則以「諸侯為天子」為第二條經文，然後再以「君」排列第三，層次井然，絲毫不紊，因而所服均為「正斬」，代表「君父同尊」之義，並且服喪者為此不同對象所穿著之喪服並無差異。至於排列在章末的「公士、大夫之眾臣，為其君布帶繩屨。」，則由於以「公士、大夫」為臣之「君」者，其地位本來就遠低於天子、諸侯之「君」，因而此處雖然同樣列入為君應服斬衰之範圍，不過卻是歸屬「義斬」，而與「正斬」之衰三升稍有差別，改以三升半之布為斬衰用布。⑯從「正斬」與「義斬」之些微差異，可以再度證明「親親」高於「尊尊」之義。

　　除卻上述之引證外，《說苑》與《韓詩外傳》也同時記載齊宣王詢問田過有關君喪、父喪孰重之事例（雖然文字稍有不同，但是並不影響內容之差異），可以作為當時一般儒者認為喪父重於喪君想法之佐證：齊宣王以「儒者喪親三年、喪君三年，君與父孰重？」之問題詢問田過，而田過則以「不如父重」對答。雖然如此一問一答引發宣王之忿怒與進一步質問，然而田過以「非君之土地，無以處吾親；非君之祿，無以養吾親；非君之爵位，無以尊顯吾親。受之君，致之親。凡事君，所以為親也。」之說法，再度回覆宣王之問，已經明顯可見田過是透過「父親於君」的人倫事實，以說明「父喪重於君喪」的道理。由於田過的說辭盡情盡理，終於使宣王悒悒然而無以回應。⑪然而仔細玩味田過「非君之土地，無以處吾親；非君之祿，無以養吾親；非君之爵位，無以尊顯吾親。」之說辭，則亦可相對說明君道之重要與可貴，因為若無人君之運籌帷幄，指揮社會大眾共同奮鬥以達目標，並且提供臣民發展個人才華之機會，則無法展現群體努力之最佳成果。

　　基於君道對於國計民生發展之重要，因此縱然「父親於君」乃是不可違拗之人倫事實，不過，人既然生於器世間，則「父子之親」與「君臣之義」均是無可脫逃之人倫塵網，因此凡為知理明道之君子者，皆無法獨張「親親」之旗幟，而無視於「尊尊」之大纛；此從〈禮器〉特別並列父子之道、君臣之義為「倫」，⑱孔子也特別感嘆「君臣之義，如之何其廢之？」⑲可以得到充分的說明。至於郭店楚簡中，〈成之聞之〉有「天降大常，以理人倫，制為君臣之義，著為父子之親，分為夫婦之辨。」⑳之記

載，即從「治理」人倫的角度，將「君臣之義」列為第一；而
〈六德〉的「子弟大材藝者大官，小材藝者小官，因而施祿安
焉，使之足以生，足以死，謂之君。」⑤，則從安百姓、利民生
的立場，以說明人君之重要；〈語叢三〉也從「父亡惡，君猶父
也，其弗惡也，猶三軍之旃也，正也。」⑥說明人君之重要。無
論從現有文獻以及簡文所載，在在可見君道對於萬民之教化與發
展，都具有決定性的影響，以致《莊子》還要藉孔子之口，而說
明「命」與「義」二者相併為天下之大戒，認為「臣之事君，義
也，無適而非君也，無所逃於天地之間。」⑤正由於人君對於延
續社會群體之發展具有關鍵性的影響，因此喪服制度中，特別將
為君之服比照為父之服斬，一方面希望臣民百姓能以事父之心以
尊崇君主；另一方面，則隨時提醒為人君者必須以養民、愛民、
教民、化民為不可推託之天賦責任。

二、嚴格區分內外的宗法倫理特色

　　從簡文「內立父、子、夫，外立君、臣、婦。」的記載，已
明文顯示人倫關係的內外區分，再從其說明服喪時，採取「為父
也，為君亦然。」、「為昆弟也，為妻亦然。」、「為宗族也，為
朋友亦然。」由內而推於外的服喪方式，以及紀錄各組併遭二喪
時，採取「為父絕君，不為君絕父。」、「為昆弟絕妻，不為妻
絕昆弟。」、「為宗族𤓰（殺、麗、離）朋友，不為朋友𤓰
（殺、麗、離）宗族。」，必須先服宗族血親而暫時擱置其餘者之
情形來看，人倫關係嚴格區分內外是相當明顯的，且以宗族組織
法為主要根據。

　　從簡文整段紀錄，可以歸納出簡文以兩項原則區分內外位，
一為「君統」與「宗統」雖然有密切相關，然而卻又有同中稍異
的微妙關係，而將「君」與「臣」這一組相對的人倫關係列入
「外位」；另外，則以「婦」雖然來歸而屬於夫家之同宗親屬，
然而因為「婦」與夫家既有的成員，彼此並無任何血緣關係，於
是也將「婦」推而至於「外位」；而概括此兩項標準，其實均與
當時封建社會下的宗族組織法有關。

　　「君」與「臣」雖然在封建、宗法制度下，原本可以具有最
為親密的父子關係，然而由於諸侯封君在其封國內擁有實質的統
治權，所擔任掌管全國事務之職責與一般宗族事務不同，並且有
以嫡長子繼承君位的「君統」制度，因此必須將「君統」與「宗
統」適度區隔，以符合各自之需要，此即所謂「君有合族之道，
族人不得以其戚戚君位也。」⑭一事之根據。而針對此說，王國
維有極為深入的闡述，認為「由尊之統言，則天子、諸侯絕宗，
王子、公子無宗可也；由親之統言，則天子、諸侯之子，身為別
子，而其後世為大宗者，無不奉天子、諸侯以為最大之大宗，特
以尊卑既殊，不敢加以宗名，而其實則仍在也。」⑮，說明天子
與諸侯雖然有「絕宗」之現象，卻仍然有「合族之道」，亦即君
統與宗統乃是彼此交攝，大宗與小宗亦是相互對待彼此聯繫的。
既然原本具有人倫之間最親密的父子關係者，一旦具有君與臣之
相對關係以後，由於其所擔負的職責關乎全國大事，因而族人尚
且還「不得以其戚戚君位」，亦即必須視之為「外位」，而特別以
「尊尊之大義」對待之；至於一般無父子之親者，對於君主或大
臣視之為「外位」，不但更無疑義，而且還更應該待之以尊尊之

義。

至於「婦」，雖然原來與「夫」為不相關的路人，不過一旦
嫁入男方之家，則與其夫成為「胖合之親」。又因為「婦」是外
族人來歸，而且由於「夫妻一體」，所以「婦」在夫家的宗族
內，均以其夫在宗族內的地位為比照基準，而無其獨立的身分與
地位，尤其在父系宗法社會中，婦女更無法定的繼承權，因此
「婦」亦列入「外位」之範圍。由於「婦」在宗法上屬於「外
位」，所以即使「夫婦」這一倫乃是人倫之首，⑥一旦為人夫者
併遭昆弟與妻之二喪，則仍然應當優先為手足「一體」之昆弟哭
喪誌哀，然後再為妻服喪誌哀。由於「君」與「臣」在人倫歸屬
上均是「外位」，因此一旦為人臣子者併遭君、父之喪，亦是採
取先主父喪、再赴君喪之大原則處理，因為服術之原則雖然有
六，⑰不過在六大原則中，卻以「親親」為首，而以「尊尊」為
次。從此處看來，簡文與文獻的服喪原理原則是一致的。

三、以宗族為本位的社會結構特色

從簡文「祖字（免），為宗族也，為朋友亦然。」、「為宗族
兀（殺、麗、離）朋友，不為朋友兀（殺、麗、離）宗族。」之
記載，可知簡文對於服喪之紀錄雖然簡約，不過卻已包括喪服中
最重的斬衰喪、至親的齊衰期喪以及雖然無服但是有祖免的五世
宗族誌哀法。簡文所載當然絕非完備當時已有之服制，不過亦已
頗具代表性。由於簡文之服喪紀錄與文獻資料大體相合，因此二
者對勘之後，從有關宗族服喪的紀錄中，主要可以發現兩項重要
的道理：一為五世祖免之親為同宗之間論及親屬關係之臨界點，

過此之外，彼此雖有百世不遷之相同大宗，亦不再訂定彼此專屬
之親名；二為簡文中雖然不見「五服」之名，然而從斬衰、齊
衰、袒免之親均與禮書所載無大出入，可以推知「五服」之制乃
是喪服中的核心，且當時以「五世而遷之小宗」為「宗族」生活
本位的社會結構應已確立。同時，為配合「宗族」生活本位之特
色，因而在「夫婦、父子、君臣」最基本也是最重要的「三親」
人倫關係外，再提出「兄弟」、「朋友」的兩種倫常關係，於是
隱然已有社會中最重要的「五倫」雛形，並且從其提示各種倫常
之間的輕重緩急關係看來，可以顯現早期儒家的倫常觀念正在積
極建構中。

　　簡文與文獻互勘後，雖然大致相去不遠，不過，二者對於
內、外位的區分，則有較大的差異，亦即〈喪服〉中不以「父、
子、夫」、「君、臣、婦」分別歸屬「內位」與「外位」，而是以
同宗族者為「內親」，而以「妻黨」、「母黨」以及「女黨」為
「外親」。

　　追溯周代之社會環境，由於早已進入父系社會時期，因而社
會組織自然以男性為中心，且又配合封建、宗法等繼承制度，所
以明定以男系為法定的繼承系統，故而以男性親屬方為同姓己
族，而將妻黨、母黨、女黨等親族視為異姓外親。當時為求達到
凝聚本宗親族的力量、培養血濃於水的親族感情，以致必須採取
崇揚己族、抑制外親的措施，簡而言之，即是以宗族為本位的社
會結構方式，企圖創造群體努力的最高價值。將這種崇揚己族、
抑制外親的思想貫徹於喪服制度時，就明顯可見所謂「親親以三
為五，以五為九，上殺、下殺、旁殺，而親畢矣」㉝的親屬組

織,其實專以父系親屬為主,且以父、子、孫三代的人倫關係視為核心倫理。至於妻黨、母黨、女黨之親屬,有服之親其實並不多,且均以服緦麻之輕服為原則,即使是血緣關係相當親近者,充其量也只能因為特殊條件(外祖父、母因尊,從母則因為有「母之名」)而加服至小功之服。由此可見當時的喪服制度中,配合宗族組織的內、外位關係而嚴格區分內、外親,是一道非常重要且不可逾越的根本分際。

簡文與文獻雖然在人倫內、外位的區分上有較大的差異,不過彼此並無根本之矛盾與衝突。因為簡文此段極其簡約之文字,已能概括出「君統」與「宗統」似離若即的微妙關係,又能顯出君與臣同時列入外位的事實,可謂相當不易;至於將「婦」列入外位,其實乃是總括〈喪服〉條例中妻黨、母黨、女黨之親屬皆為「外親」之親屬規畫系統而作的扼要概括,因而簡文與文獻之間,彼此本無根本差異。

綜合簡文與文獻所載,如此以宗族為本位的社會結構方式雖然看似有些本位主義色彩,然而事有本末先後,物有終始次第,倘若本之不固,則無以成就枝葉花果之茂盛豐碩。以宗族為本位的社會結構方式,乃是本於〈大學〉所載「古之欲明明德於天下者,先治其國;欲治其國者,先齊其家。」⑤⑨之根本道理。可見「齊家」只是達到國治、天下平的必經要道,而非終極目的,因此「齊家」的觀念是極具延展性而非狹隘的封閉性思想。一旦家之能齊,則「三族和」;⑥⑩「三族和」而後「五服親」;「五服親」,則九族和睦強固;宗族之間強固,於是國之能治;國治,而後天下可平。因此結合簡文以及文獻所載,可以發現二者其實

相互輝映，雖然從中明顯可見以宗族為本的社會結構思想，然而藉由「袒字（免），為宗族也，為朋友亦然。」之向外類推，又可以與儒家「四海之內皆兄弟也」的弘遠胸襟相接楯，因而是堂廡開闊、視野遠大的，並且由此充擴發展，而將最基本的「三親」人倫關係，開展成為促使社會高度發展最需要的「五倫」關係。

第四節　仁內義外的喪服文化特質

〈六德〉中整段的服喪紀錄，不但以「門內之治恩弇義，門外之治義斬恩。」點出喪服文化注重恩義的總綱領，更以「仁，內也；義，外也；禮、樂，共也。人有六德，三親不斷。」凸顯喪服文化的特質。亦即以「其恩厚者其服重，故為父斬衰三年，以恩制者也。」是訂定喪服制度最根本、最重要的體制。不過恩情雖然重要，但是在複雜的人世間，人情終需擴大以方便世人進入廣大的社會組織，於是如何「以理節之」使歸於義，就顯得相當重要，因為「資於事父以事君，而敬同，貴貴、尊尊，義之大者也，故為君亦斬衰三年，以義制者也。」，因而倘若能善用恩、理、節、權的方法，並隨之確立「門內之治恩揜義，門外之治義斷恩」的原則以區分內外，⑥始可以適應複雜的社會生活之需要。

〈雜記〉所載「其國有君喪，不敢受弔。」，孔穎達即於《正義》中清楚地指出：「此謂國有君喪，而臣又有親喪，則不敢受他國賓來弔也。以義斷恩，哀痛主於君，不私於親也。」⑥，亦即喪親之臣雖然身遭君喪與親喪之雙重喪變，仍然可以自盡其哀

痛親人之情以服親喪，僅在「以義斷恩」的考量下，謝絕他國外
賓之弔喪，因此國君對於臣子並無「奪喪」之嫌，亦可以合乎弔
喪者應該「哀痛主於君」以國為重的設想。另外，「大夫、士將
與祭於公，既視濯而父母死，則猶是與祭也。次於異宮。既祭，
釋服，出公門外，哭而歸；其他如奔喪之禮。如未視濯，則使人
告。告者反，而后哭。如諸父、昆弟、姑、姊妹之喪，則既宿則
與祭。卒事，出公門，釋服而后歸；其他如奔喪之禮」，[63]都是
對於「門外之治義斷恩」最好的注腳，說明親親雖然重於尊尊，
但是為人臣者倘若已經參與公家祭祀大事，而後始聽聞父母以下
諸親人之喪，此時則必須以義為斷，視當時公事進行的程度，以
是否已經視察洗滌之祭器為決定是否繼續參與祭祀之基準，因為
祭祀之事始於「視濯」，既已「視濯」，則不可以中輟；倘若尚未
「視濯」，則使人告於國君，而後即行舉哀奔喪。

　　喪服制度之規畫，乃是取法天地運行、四時變化之自然，且
順應人情的需要與陰陽動靜的原理而訂定者，其中尤以人情的需
要為最重要且最根本的考量。〈六德〉服喪紀錄前文「仁，內
也；義，外也。」之記載，即明顯指出服制之設計乃是以仁為經
為本、以義為緯為權的做法，此正合乎〈禮運〉「仁者，義之本
也。」[64]、〈中庸〉「仁者，人也，親親為大；義者，宜也，尊
賢為大。」[65]之說法，同時也與〈語叢〉「仁生於人，義生於
道。或生於內，或生於外。」[66]的記載互相呼應。這種以仁為
本、以義為輔的服制設計，正是本於「仁，人心也；義，人路
也。」[67]的根本特性而發揮，正可以說明儒家學說以「仁」為核
心的一貫主張。

從《郭店簡》探究其倫常觀念
【以服喪思想爲討論基點】

　　由於「君子不奪人之喪，亦不可奪喪」[68]，因而聖賢制禮，務必使喪禮盡哀、服喪盡情的「親親」思想，乃是天地之經，更是人情之自然，是貫串整體服制思想的根本核心，與君權勢力的高低無涉；〈語叢〉所載「禮因人之情而為之」，又說「情生於性，禮生於情。」[69]即為此義。甚且，如此親親之仁，當其擴而大之，則發而為尊尊之大義，成為世人所可遵循，更是所應遵循之大道。因此〈性自命出〉即載有「性自命出，命自天降。道始於情，情生於性。始者近情，終者近義。」[70]之說，所以「直情逕行」的作風，儒者向來以為「戎狄之道也」，[71]而必須要求以「禮」節之，且〈坊記〉又有「禮者，因人之情而為之節文。」[72]之載，故知以「禮」而「節」之之道，即是以「義」為度的節制標準，所以「發乎情而終於義」，正是儒家「仁內義外」思想之充分發揮。簡文的服喪紀錄，正凸顯喪服制度本於人情而制禮的事實，不過在人情之外，尚且還必須懂得權衡輕重緩急以兼顧「尊尊大義」，方足以彰顯人性以仁內而義外的文化特質。

注釋

①本文之所以以「早期儒家」為稱，在於《郭店簡》中屬於儒家之部分，已可證明為孔子至孟子之間子思學派的學術資料，其中有關服喪之紀錄，又大抵可與《儀禮》〈喪服〉相呼應，由於〈喪服〉所包含經文、傳文與記文之年代前後不一，而本文並不一一作資料斷代之考證，因此特別以「早期儒家」為稱。

②荊門市博物館編，裘錫圭審訂，《郭店楚墓竹簡》〈六德〉，（北京：文物出版社，1998 年 5 月），頁 188 。有關本段文字的隸定以及涵義，其

詳參見李學勤，〈郭店楚簡《六德》的文獻學意義〉，收入武漢大學中國
文化研究院編，《郭店楚簡國際學術研討會論文集》，（武漢：湖北人民
出版社，2000 年 5 月），頁 18-20 。「為宗族兀（殺、麗、離）朋友，
不為朋友兀（殺、麗、離）宗族」中，「兀」一字，裘錫圭以為疑當讀
為「殺」；顏世鉉則以《汗簡》、《古文四聲韻》所引「麗」字與簡文形
近，當為「麗」字古文之形，由於「麗」讀作「離」，訓「絕」，正與上
文「絕」字相合。顏氏所舉嚴格而言雖屬旁證，不過，根據《儀禮》〈士
喪禮〉，見於漢·鄭玄注，唐·賈公彥疏，《儀禮注疏》，收入《十三經
注疏》，（臺北：藝文印書館，1985 年 12 月），頁 422 ，載有「設決，
麗于擘。」鄭《注》：「麗，施也。古文『麗』亦為『連』。」可知「麗」
有「連而不斷」之義。王關仕師更舉出《儀禮》祭禮所用中之「離肺」，
均屬「割而不斷」之狀況，因此可以有力的說明兼服二喪時亦應有「割
而不斷」相似之權衡機制。除此之外，從《禮記》〈少儀〉，見於漢·鄭
玄注，唐·孔穎達等正義，《禮記正義》，收入《十三經注疏》，（臺
北：藝文印書館，1985 年 12 月），頁 636 ，「牛羊之肺，離而不提心。」
之記載，而鄭《注》：「提，猶『絕』也。」，更可以說明「雖割，然而
不斷」之關係。經由相關禮書之記載，則顏氏以「兀」為「麗」之古
文，有「離」之義的說法，應屬可從。

③斬衰、齊衰部分，其詳參見《儀禮》〈喪服〉，頁 352-355 ；「朋友，麻」
　則見於〈喪服·記〉，頁 397 。

④分別見於《禮記》〈大傳〉，頁 619 ；〈喪服四制〉，頁 1032 。

⑤其詳參見拙作，《喪服制度的文化意義——以《儀禮·喪服》為討論中
　心》（臺北：文津出版社，2000 年 10 月），第三章，頁 66-107 。

⑥有關〈喪服〉等四篇撰作之時期，其詳參見沈文倬，《宗周禮樂文明考

論》〈略論禮典的實行和《儀禮》書本的撰作〉，（杭州：杭州大學出版社，1999年12月），頁23-54。該文原本見於《文史》，1982年，第15.16輯；另外，有關〈服傳〉之部分，則參見同書〈漢簡《服傳》考〉，頁163-182，此則原見於《文史》，1985年，第25.26輯。

⑦其詳參見《禮記》〈雜記下〉，頁735：有父之喪，如未沒喪而母死，其除父之喪也，服其除服。卒事，反喪服。唯諸父、昆弟之喪，如當父母之喪，其除諸父、昆弟之喪也，皆服其除喪之服，卒事，反喪服。如三年之喪，則既穎，其練、祥皆行。王父死，未練、祥，而孫又死，猶是附於王父也。〈間傳〉，頁956：斬衰之喪，既虞，卒哭，遭齊衰之喪，輕者包，重者特。既練，遭大功之喪，麻、葛重。〈間傳〉，頁958：齊衰之喪，既虞，卒哭，遭大功之喪，麻、葛兼服之。斬衰之葛與齊衰之麻同，齊衰之葛與大功之麻同（自「斬衰之葛」以下，亦見於〈喪服小記〉，頁601）；大功之葛與小功之麻同，小功之葛與緦之麻同；麻同，則兼服之。兼服之服重者，則易輕者也。

⑧大陸學者近兩年多以來，因為不熟悉喪服制度，所以紛紛就「為父絕君，不為君絕父」，提出有關君權、父權輕重之熱烈論辯。筆者曾於2001年8月在長沙舉行的「長沙吳簡暨簡帛研究百週年國際學術研討會」中，以〈郭簡「為父絕君」的服喪意義〉，從服制規畫的整體設想，說明「為父絕君」深刻之內涵意義。該文節本則收入研討會論文集，而該論文集正由北京中國社會科學院排印中。另外，筆者則將全文〈郭店簡「為父絕君」在服制中的文化意義〉，投交臺灣師大國文研究所，《中國學術年刊》第23期發表。

⑨《禮記》〈喪服四制〉，頁1032。

⑩《儀禮》〈喪服·斬衰〉，頁349，「公士、大夫之眾臣為其君，布帶繩

屨。」條下，〈傳〉曰：「君，謂有地者也。」此處對於「君」之定義，採取鄭玄於頁 346 ，〈傳〉曰：「君，至尊也。」下之說法，認為天子、諸侯、卿大夫有地者皆曰君。雖然清・盛世佐，《儀禮集編》，（臺北：商務印書館，1983 年影印清乾隆年間寫《文淵閣四庫全書》，第111 冊），頁 54-55 ，載元・敖繼公曰：「諸侯及公卿大夫士有臣者皆曰君。此為之服者，諸侯則其大夫、士也。公卿大夫，則其貴臣也。」然而由於〈喪服・斬衰・傳〉明白指謂「有地者為君」，而非「有臣者皆為君」，故知敖氏之說實與〈傳〉之原義有所出入。因此盛氏收集各家對此條經文的說法後，云：「案《特牲禮》，士亦有私臣，但分卑不足以君之，故其臣不為斬也。」另外，清・褚寅亮，《儀禮管見》，收入《續經解三禮類彙編》（臺北：藝文印書館，1986 年 9 月），頁1181，載：「傳文明以有地者為君，故注本以釋經。蓋有地則當世守，義與有國者等，與暫時蒞官而為其臣屬者不同，服斬宜矣。士既無地，雖為其臣，安得服斬？如皁臣輿，輿臣隸，名亦臣也，而豈遞為之服斬乎？〈傳〉意言公士、大夫之無地者，雖有臣，不為服斬也。公士、大夫且然，況於士乎？」盛氏、褚氏之說最為有理，因而此處之「君」，不採取「士之有臣者亦為君」之說在內。

⑪《孝經》〈士章〉，見於唐・玄宗御注，宋・邢昺疏，《孝經注疏》，收入《十三經注疏》（臺北：藝文印書館，1985 年12 月），頁24 。

⑫《禮記》〈曾子問〉，頁 377 。

⑬《禮記》〈曾子問〉，頁 379 。

⑭《禮記》〈王制〉，頁239 。

⑮其詳參見清・孫希旦，沈嘯寰、王星賢點校，《禮記集解》〈曾子問〉（臺北：文史哲出版社，1990 年8 月），頁533-534 。

⑯《禮記》〈檀弓下〉，頁172 ：喪之朝也，順死者之孝心也，其哀離其室
也，故至於祖考之廟而后行。殷，朝而殯於祖；周，朝而遂葬。

⑰《禮記》〈雜記下〉，頁749 ：「諸侯執綍五百人，……大夫之喪，執引
者三百人。」《周禮》〈地官・遂人〉，見於漢・鄭玄注，唐・賈公彥疏，
《周禮注疏》，收入《十三經注疏》（臺北：藝文印書館，1985 年12
月），頁234 ，記載遂人之職云：及葬，帥而屬六綍，及窆，陳役。由於
為天子執引之人數不在禮書之正文記載中，因而此處鄭玄注云：「用
綍，旁六。執之者，天子其千人與？」另外，〈檀弓下〉，頁165 ，唐・
孔穎達於《正義》引何東山言執引之人數：「天子千人，諸侯五百人，
大夫三百人，士五十人」。

⑱其詳參見《禮記》〈曾子問〉，頁379 之鄭注。

⑲《禮記》〈曾子問〉，頁376 。

⑳其詳參見劉樂賢，〈郭店楚簡《六德》初探〉，見於《郭店楚簡國際學術
研討會論文集》，頁386 。

㉑其詳參見彭林，〈再論郭店簡《六德》「為父絕君」及相關問題〉，見於
《簡帛研究網站》www.bamboosilk.org 〈網上首發〉。

㉒其詳參見魏啟鵬，〈釋《六德》「為父繼君」〉，見於《中國哲學史》2001
年第2 期，頁103-106 。

㉓其詳參見彭林，〈再論郭店簡《六德》「為父絕君」及相關問題〉。

㉔其詳參見拙著，《喪服制度的文化意義——以《儀禮・喪服》為討論中
心》，頁146-156 。

㉕《禮記》〈三年問〉，頁962 。

㉖《儀禮》〈喪服〉，頁356 。

㉗其詳參見《郭店楚墓竹簡》〈六德〉，頁187 之釋文，以及頁189 裘錫圭

之按語。其中「有『教』者,有『受』者」之關鍵字「教」與「受」,裘

先生闕而未定,李零之〈郭店楚簡校讀記〉,頁517,則直接以「教」與

「受」二字實之;張光裕主編,袁國華合編,《郭店楚簡研究——第一

卷文字篇》,(臺北:藝文印書館,1999年1月),頁105.600,亦釋為

此二字;而龐樸也於《竹帛〈五行〉篇校注及研究》〈《六德》篇簡注〉,

頁184,根據圖版與文意而隸定此二字為「教」與「受」,分指父子之

職。另外,「以『卒』六德」,「卒」字裘先生未釋,李氏釋為「卒」,

龐先生亦從李氏之說。至於陳偉,則於〈郭店楚簡別釋〉,《江漢考

古》,1998年11月第4期,頁70,從文獻資料所載而補此二字為「教」

與「學」;而顏世鉉,則於〈郭店楚簡〈六德〉箋釋〉,《中研院史語所

集刊》第72本第2分,2001年6月,頁451,認為「學」與「受」之上

半無甚差別,然而該簡文之下半,就圖版而言,應為從「子」而非從

「又」,因此應以釋為「學」較為合適。筆者認為圖版雖然有些模糊,不

過卻與從「又」者稍別,若合併現存文獻資料推測,釋為「學」應較為

合適。

㉘《論語》〈子路〉,見於魏・何晏等注,宋・邢昺疏,《論語注疏》,收入

《十三經注疏》,頁115,記載孔子以「必也正名乎!」回答子路「為政

奚先?」之問。〈顏淵〉,頁108,孔子以「君君、臣臣、父父、子子」

答齊景公問政。

㉙《呂氏春秋》〈處分〉,見於陳奇猷校釋,《呂氏春秋校釋》(上海:學林

出版社,1984年4月),頁1669。

㉚有關「六位」、「六職」與「六德」的相互關係,另有〈從《郭店簡》之

「六位」到後世之「三綱」——儒家人倫關係新論〉專文討論。

㉛親迎當天可以完成「成妻」之禮,然而倘若未經過「成婦」之禮而新娘

猝死，則必須歸葬於娘家，而不得入於夫家之族墓安葬，由此可見「成婦」之意義遠重於「成妻」之意義。

㉜其詳參見郭齊勇，〈郭店儒家簡與孟子心性論〉，《武漢大學學報》（哲學社會科學版）1999 年 5 月第 27 期；羅新慧，〈郭店楚簡與儒家的仁義之辨〉，《齊魯學刊》1999 年 5 月第 29 期。另外，徐少華，〈郭店楚簡〈六德〉篇思想源流探析〉，則收入武漢大學中國文化研究院編，《郭店楚簡國際學術研討會論文集》，頁 380-381。

㉝其詳參見《左傳》〈桓公十五年〉，見於晉・杜預注，唐・孔穎達疏：《春秋左傳正義》，收入《十三經注疏》（臺北：藝文印書館，1985 年 12 月），頁 127。

㉞漢・許慎撰，清・段玉裁注，《說文解字注》（臺北：蘭臺書局，1972 年 9 月），第四篇上，頁 150：「朋，古文鳳，象形。鳳飛，群鳥從以萬數，故以為『朋黨』字。」第三篇下，頁 117：「同志為友，從二又相交」。

㉟《論語》〈顏淵〉，頁 111。

㊱《論語》〈顏淵〉，頁 106。

㊲《禮記》〈學記〉，頁 653。

㊳《儀禮》〈喪服・記〉，頁 397：鄭玄於「朋友，麻」，《注》曰：「朋友雖無親，有同道之恩，相為服緦之経帶。」

㊴同上注，載：朋友，皆在他邦，袒免，歸則已。

㊵《禮記》〈大傳〉，頁 619。

㊶其詳參見王國維，《殷周制度論》，見於《王觀堂先生全集》（臺北：文華出版公司，1968 年 3 月），頁 435。

㊷《禮記》〈文王世子〉，頁 398。

㊸《禮記》〈檀弓上〉，頁143：「喪服，兄弟之子猶子也，蓋引而進之
也。」既然「兄弟之子猶子」，可知「諸父亦當猶父」。另外，李宗侗，
《中國古代社會史㈠》（臺北：中華文化出版事業委員會，1954年9
月），頁59：卜辭及商句稱父輩皆曰父，不分叔、伯。周初始見叔父之
稱，不論稱為伯父、叔父，終未離父，伯、叔不過長幼的分別，不論稱
為兄子、弟子，終未離子。

㊹《禮記》〈喪服小記〉，頁607，鄭《注》：謂卿大夫以下也，與尊者為
親，不敢以輕服服之。《正義》曰：熊氏以為謂諸侯死，凡與諸侯有五
屬之親者，皆服斬也。以諸侯體尊，不可以本親輕服服之也。

㊺李宗侗，《中國古代社會史㈠》，頁74-79，舉以下三例說明周初之時
「舅權」之遺痕未泯：《詩》〈大雅・大明〉：牧野洋洋，檀車煌煌，駟
騵彭彭，維師尚父（武王后邑姜之父），時維鷹揚。《左傳》〈僖公二十
六年〉：昔周公、大公股肱周室，夾輔成王。《尚書》〈顧命〉：太保命
仲桓、南宮毛俾爰齊侯呂伋（大公之子，成王母邑姜的兄弟），以二干
戈，虎賁百人，逆子釗於南門之外。

㊻《儀禮》〈喪服・記〉，頁402，載：「衰，三升，三升有半。」由於記
文所載斬衰服所用之布有三升、三升半兩種，而〈間傳〉卻無此斬衰用
布之相關說明，因此賈公彥在此《疏》之中，以「或曰：『三升半者義
服也』」的方式，「引『或人』所解為證」，以疏解經文與注文之義。更
引「其〈斬〉章有《正義》『子為父、父為長子、妻為夫之等是正斬』，
云『諸侯為天子、臣為君之等是義斬』」，以說明此三升半實是義服。同
時賈氏尚且已於〈喪服〉頁346，〈斬衰〉章首為「君」之條下，以
「為至尊，但義故，還著義服也」為《疏》，說明「義服」之內涵，而分
別斬衰有如上所分的「正斬」、「義斬」兩類。而清・胡培翬撰，段熙仲

點校，《儀禮正義》〈喪服〉（上海：江蘇古籍出版社，1993 年7 月），頁1618 ，「附考五服衰冠升數及降正義服」中的〈衰冠升數圖說〉記載：「以三升半為義服，出鄭氏《注》，諸家悉仍之。」胡氏更於頁1625 ，〈降正義服圖說〉中記載：「黃《例》楊《圖》，皆以諸侯為天子，君，公士、大夫之眾臣為其君，三條入義服。……及此〈記〉『衰三升』《疏》云『諸侯為天子、臣為君』之等，是義斬之文也。盛氏、江氏仍之。今案：戴氏震、金氏榜，皆以三升半之衰，為專指公士、大夫之臣為其君言，其說甚確。蓋《喪服經》文，列二者於父為長子之前，明君父同尊，衰冠不得有異也。」胡氏所論極有道理。至於彭林教授則於〈再論郭店簡《六德》「為父絕君」及相關問題〉中，亦主張「諸侯為天子、臣為君屬義斬」之說，則與筆者所見相異。

㊼該事件見於漢・劉向，《說苑》〈修文〉，收入《百子全書》，（長沙：岳麓書社，1993 年9 月），第1 冊，頁690 。同時又見於漢・韓嬰，《韓詩外傳》第7 卷，收入《四部叢刊正編》第3 冊，頁58 。

㊽《禮記》〈禮器〉，頁450 。

㊾《論語》〈微子〉，頁166 。

㊿《郭店楚墓竹簡》〈成之聞之〉，頁168 。

(51)《郭店楚墓竹簡》〈六德〉，頁187 。

(52)《郭店楚墓竹簡》〈語叢三〉，頁209 。

(53)《莊子》〈人間世〉，見於清・郭慶藩，《莊子集釋》（臺北：貫雅文化事業有限公司，1991 年9 月），頁155 。

(54)《禮記》〈大傳〉，頁620 。

(55)王國維，《殷周制度論》，頁442-443 。

(56)《易》〈序卦傳〉，見於魏・王弼、韓康伯注，唐・孔穎達等正義，《周

易正義》，收入《十三經注疏》（臺北：藝文印書館，1985 年 12 月），頁
187：有天地，然後有萬物；有萬物，然後有男女；有男女，然後有夫
婦；有夫婦，然後有父子；有父子，然後有君臣；有君臣，然後有上
下。

㊄《禮記》〈大傳〉，頁 619：服術有六：一曰親親，二曰尊尊，三曰名，
四曰出入，五曰長幼，六曰從服。

㊅《禮記》〈喪服小記〉，頁 591。

㊆《禮記》〈大學〉，頁 983。

⑥《儀禮》〈士昏禮〉，頁 63，記載請期之時，媒人對女方家長曰：「吾子
有賜命，某既申受命矣，惟是三族之不虞，使某也請吉日。」《禮記》
〈仲尼燕居〉，頁 853，記載子曰：「明乎郊社之義，嘗禘之禮，治國其
如指諸掌而已乎！是故以之居處有禮，故長幼辨也；以之閨門之內有
禮，故三族和也；以之……」《周禮》〈春官‧小宗伯〉，頁 291，記載小
宗伯之職，有「掌三族之別以辨親疏」一項。從「三禮」皆有「三族」
之說，可知其在古代宗族中地位之重要。而所謂「三族」之成員，除卻
父、子、孫之外，並且兼含有此三輩之嫡庶昆弟關係者在內，亦即包含
父、子、孫三代，同時也包含父之昆弟、己之昆弟以及子之昆弟在內之
族人。

⑥其詳參見《禮記》〈喪服四制〉，頁 1032。

⑥《禮記》〈雜記上〉，頁 729。

⑥《禮記》〈雜記下〉，頁 736。

⑥《禮記》〈禮運〉，頁 439。

⑥《禮記》〈中庸〉，頁 887。

⑥《郭店楚墓竹簡》〈語叢一〉，頁 194。

⑥《孟子》〈告子上〉，見於漢・趙岐注，宋・孫奭疏，《孟子注疏》，收入
　《十三經注疏》（臺北：藝文印書館，1985 年 12 月），頁 193 。

⑥《禮記》〈雜記下〉，頁 737 。

⑥前者見於《郭店楚墓竹簡》〈語叢一〉，頁 194 ；後者見於〈語叢二〉，頁
　203 。

⑦《郭店楚墓竹簡》〈性自命出〉，頁 179 。

⑦其詳參見《禮記》〈檀弓下〉，頁 175 。

⑦《禮記》〈坊記〉，頁 863 。

第三章

從「三親不斷」到孟子「五倫」
說的擴張性人倫關係

　　郭店楚簡的服喪紀錄，在敘述當時之人併遭君與父、兄弟與妻、宗族與朋友之喪時，所應採取的權衡措施之後；緊接著還有「人又（有）六德，參（三）新（親）不斷」的記載，①雖然已經明確地說明「三親」在人倫關係中的重要；而所謂「三親」究竟為何，則有必要作一確認。另外，郭店簡又在「三親不斷」之後，接著記載「門內之治恩弇宜（義），門外之治宜（義）斬恩」，此一紀錄，除卻呼應《禮記》〈喪服四制〉中所載「資於事父以事君，而敬同」，於是為君亦服斬衰三年之道理外，②更重要的，則在於說明世人對於處理內外人倫關係時，應抱持何種原則與態度以相互對待，並非僅僅止於說明服喪原理。

　　至於所謂「內外人倫」，雖然郭店簡中已將「父、子、夫」歸屬「內位」，而以「君、臣、婦」另外歸屬「外位」，但是衡諸宗族組織法，則「婦」縱然本為「外族」，不過當其來歸而入於夫家，即與夫成為「一體之親」，③而為夫家之「本宗親屬」，因而此處「內外之治」所指謂之對象間究竟各屬於何種人倫關係，就必須詳加辨別；此外，個人與父子、君臣、兄弟、夫妻、宗

族、朋友的各種人倫關係該如何相互對待，亦必須仔細釐清。同時，所謂「三親」與傳世文獻中的「三族」有何關係；與「五常」、「五教」與「五典」所討論的倫敘關係如何，都有必要加以澄清；另外，從所謂「三親」到後來孟子所強調之「五倫」，其擴張性人倫關係演變之原理爲何，所蘊藏之意義何在，諸如此類者，都必須加以深入研究。上述各問題即爲本文討論之要旨。

第一節　「三親不斷」的義涵

要明瞭郭店簡中「三親不斷」的義涵，就必須先行確定「三親」所指爲何。然而傳世文獻中，並無明確標明「三親」之紀錄，僅有意義相近的「三族」之說，因此對照當時文獻中「三族」之說法，可藉以理解「三親不斷」之義涵：

一、「三親」的內容

目前研究郭店楚簡之學者，多半將簡文中「三親不斷」的討論重點放在「斷」字的字形結構上，而不在「三親」所指爲何之處多加著墨，僅有少數學者稍稍提及，其中，徐少華明確提出「三親」爲「父、昆弟、宗族」，④但是並未曾多作解釋。然而涂宗流與劉祖信則引《顏氏家訓》「夫有人民而後有夫婦，有夫婦而後有父子，有父子而後有兄弟，一家之親，此三而已矣！自茲以往，至於九族，皆本於三親焉。」之說，而主張「本篇論及夫婦、父子、昆弟，雖以婦爲外，但娶婦入於內，婦生子而爲母，當然屬於門內之三親。」⑤至於顏世鉉則在〈郭店楚簡《六德》

箋釋〉中含蓄地指出「簡文之意似為：六德之中，父、子、夫這
三種關係是不可斷絕的」。⑥

在比較上述三種不同說法之利弊得失以前，首先必須對於
「六位」與「六德」作一澄清。從簡文的「生民『斯必』有夫婦
父子君臣」之語句，而以「夫、婦、父、子、君、臣」為「六位」
之記載，⑦可見「夫、婦、父、子、君、臣」乃是人際關係中三
組最重要、最基本的對應身分地位；若與現存文獻資料對照，則
與《易》之所謂「有天地，然後有萬物；有萬物，然後有男女；
有男女，然後有夫婦；有夫婦，然後有父子；有父子，然後有君
臣；有君臣，然後有上下。」⑧所載天地之間最重要的三種人倫
關係相吻合。這種由六種不同的人物所組成的三種人倫關係，由
於每人所處之身分地位不同，因而彼此相互之關係各有相應不同
的職分要求，也各有彼此應該達到的德性要求。由此可見此六種
三組相對的人際關係，所強調的乃是各種不同身分地位的人在人
際社會中應該具備怎樣的能力，必須扮演怎樣的角色。至於人與
人在實際相處時，則由於彼此的親疏遠近、感情厚薄各有不同；
因此會有所謂「親不可斷」的「恩弅義」之情形，同時也可能發
生必須「以義斬恩」的相對現象。然而要判斷何時應該「恩弅
義」，何時又應該「義斬恩」，則有賴世人能善用聖、智、仁、
義、忠、信等德性的特質而審慎判斷之；因此簡文必須要說「人
有六德，三親不斷」；亦即世人必須先行擁有六種德性，且能善
用此六德之功效，然後可以準確決斷何種「三親」乃是人倫之中
所不可割捨之親近關係；苟能如此，方可形成周延之說法，使其
說可以具體落實於實際生活中，且能常行於人世間。

　　由此可知「親之可不可斷」，最應該考慮的該是彼此親疏遠近與感情厚薄的關係如何，因此與其將所謂的「三親不斷」之「三親」鎖定在「父、子、夫」這三種特定的人倫對象上，倒不如將此「三親」的內容，放在簡文中對比當時之人併遭君與父、昆弟與妻、宗族與朋友之喪時，應將「父、昆弟、宗族」放在優位序列而先行爲之服喪之事實，以顯示「三親不斷」之「三親」，當以「父、昆弟、宗族」之說法爲佳。經由以上所述，可見徐氏之說法優於顏氏之說。不過，以「三親」指稱「父、昆弟、宗族」之說法，乃純就竹簡中之前後文對比而來，若依據實際親屬關係而言，則單言一「父」之親，其實已經涵括「父子」之親的一組相對關係，因爲倘若人而無子，則不成其爲父之事實。職此之故，此之所謂「三親」，當以「父子、昆弟、宗族」爲更佳之說法。

　　至於涂、劉二氏之說法，雖有《顏氏家訓》爲據，然而顏氏該說乃就其所處時代封建宗法制度已經解體之後的社會狀態而言，因此「夫婦、父子、昆弟」不但是「一家之親」中最重要的核心成員，而且魏晉南北朝時，由於社會政治動亂，導致百姓四處竄散，人民流離失所，當時之所謂家族組織關係，事實上就誠如顏之推（531-590A.D.?）所述之「一家之親，此三而已矣！」之狀態，甚且當時倘若能保有此「三親」關係，已屬人世間難得之大幸，要想保有完整而密切的宗族關係，無異是異想天開的奢求。因而此時「夫婦、父子、昆弟」雖然仍隸屬於門內之「三親」，且爲「九族」之本，不過此「三親」與其他宗族成員之關係，已明顯與簡文所載當時宗法社會下的家族組織形態不同，所

以不宜作相同的類比。亦即涂、劉二氏該說最明顯的缺失,在於忽略簡文的「宗族」關係在當時(300B.C.)封建宗法制度中所具有的既重要而且特殊之地位。

綜合上述說法,可見簡文所稱「三親不斷」之「三親」,應以「父子、昆弟、宗族」為宜。其所謂「三親不斷」之意涵,乃是當時封建宗法制度下,特別注重宗族繼承與血緣關係的特殊現象,因此夫婦一倫雖然位居人倫之始,但是卻因彼此缺乏血緣相通的先天自然關係,以致無法成為不可斷絕的「三親」關係之一。

二、從文獻中的「三族」
凸顯「三親不斷」的義涵

所謂「三族」,鄭玄於《周禮》所載小宗伯之職「掌三族之別以辨親疏,其正室皆謂之門子,掌其政令」下,為之注曰:「『三族』,謂父、子、孫,人屬之正名。『正室』,適子也,將代父當門者也。」賈公彥更為之疏解曰:「此『三族』,謂父、子、孫,一本而言;推此而往,其中則兼九族矣。云『辨親疏』者,據己以上至高祖,下至玄孫,傍至緦麻;重服者則親,輕服者則疏也。」[9]由此可見所謂「三族」,就是以自己為中心,上則親父,下則親子,所形成的父、子、孫三代最親近之親屬關係。同時從〈小宗伯〉中特別提出「其正室皆謂之門子」一事,可知當時所謂門內之親,除卻正室之外,另外還應包含旁支昆弟以及為數甚多的庶出親屬在內,亦即此之所謂祖孫三代的最親近親屬之間,其實亦包含這三代之旁支庶昆弟在內,因而是同時兼

含有父昆弟、己昆弟與子昆弟之三代近親親屬關係。

　　要說明昆弟與自己關係之密切，從《儀禮》中以昆弟為「一體之親」，乃「人之四體」，可以得到相對的說明，除此之外，再從「故昆弟之義無分，然而有分者，則辟子之私也。子不私其父，則不成為子；故有東宮，有西宮，有南宮，有北宮，異居而同財，有餘則歸之宗，不足則資之宗。」⑩之記載，可見這種「異居而同財」的極親近親屬關係，已經展現古代宗法制度下三代之間同族共居，歡樂與共、急難相扶持的親密生活特色。

　　另外，從《儀禮》士婚禮請期之時的一段記載，亦可以說明「三族」所包含之親屬為何，也可以說明如此近親親屬之間彼此關係的密切程度。婚禮進行至請期之時，男方之使者對女方之擯者說：「吾子有賜命，某既申受命矣，惟是三族之不虞，使某也請吉日。」針對此事，鄭玄注曰：「『三族』，謂父昆弟、己昆弟、子昆弟。〈雜記〉曰：『大功之末可以冠子、嫁子。』。」賈公彥則說：「鄭知『三族』是父、己、子三者之昆弟者，若大功之喪服，內不廢成禮；若期親，內則廢；故舉合廢者而言。以其父昆弟則伯叔及伯叔母，己昆弟則己之親兄弟，子昆弟則己之適子、庶子者，皆己之齊衰期服之內親，故『三族』據三者之昆弟也。今據父之昆弟期，於子小功，不得與子娶妻；若於子期，於父小功，亦不得娶妻。知今皆據婿之父而言。」⑪昏禮為禮之本，⑫乃人生之一大盛事，然而倘若「三族」之內有期親之喪，則即使重大如關係世人一生的婚姻大事，亦必須暫時擱置，由此可見「三族」之親對於一個人關係之重要。這種三代正親及其親昆弟之間的相互關係，正是古代宗法家族制中最主要的核心親

屬，其意義與指攝，應與簡文中以「父子、昆弟、宗族」為「三親」的觀念相類似；如此親密之「三族」關係，也可說正是簡文所謂「三親不斷」之真義所在。

第二節　傳世文獻中「五典」、「五常」與「五教」的意義

　　傳世文獻中不但提出「三族」之間既親密又重要的關係，更提出「明乎郊社之義、嘗禘之禮，治國其如祇諸掌而已乎！是故以之居處有禮，故長幼辨也；以之閨門之內有禮，故三族和也。」同時還說：「若無禮，則手足無所錯，耳目無所加，進退揖讓無所制。是故以之居處，長幼失其別；閨門，三族失其和。」⑬可知透過適當的禮以促進「三族」之間的和睦，正是古代聖賢所極力關注的事；因此孟、荀以前的古代典籍之中，雖然未見以「五倫」作為確切之標目，但是早有「五典」、「五常」與「五教」的相關記載，說明家族的核心成員間應有之對待關係與德性要求。

　　諸多文獻中，以紀錄「上古之書」著稱的《尚書》，即出現多處的「五典」、「五常」與「五教」之記載，其中「五典」與「五常」，由於「典」與「常」之互訓，皆用以指稱「天所次敘之人倫常性」。而「天所次敘之人倫」又正好為一家之內最主要的「父、母、兄、弟、子」五種成員的相互關係，這五種成員在一家之內必須遵循一定的尊卑差序等列，且必須透過「五教」的作用，促使各成員實踐彼此應有的人倫常性。以下即透過相關文獻

而分別說明之：

首先，〈舜典〉記載堯聞舜之聰明，將使舜繼嗣其位，於是
歷試治國之難事以考驗舜之才德，而舜終能「慎徽五典，五典克
從；納于百揆，百揆時敘；賓于四門，四門穆穆；納于大麓，烈
風雷雨弗迷。」，於是深獲堯之肯定。而孔《傳》即指出：「五
典，五常之教，父義、母慈、兄友、弟恭、子孝。舜慎美篤行斯
道，舉八元使布之於四方，五教能從，無違命。」⑭從此處的文
獻記載，可知人類對於最原本的「父、母、兄、弟、子」之間，
彼此應該具有怎樣的人倫關係，很早就受到爲政者之重視並且努
力提倡之，因爲「齊家爲治國之本」的道理，乃是千古不易的真
理。

緊接其後，則爲舜繼承帝位之後，皋陶爲舜謀畫治國之道，
除卻要舜日日兢兢業業、無使逸欲之外，並且還一再提醒舜「天
敘有典，勅我五典五惇哉！天秩有禮，自我五禮有庸哉！」之重
要，同時還要配合「五服五章」、「五刑五用」之交互運用，以
使政事推行順利。⑮舜在接受皋陶之謀畫後，更對皋陶說：「汝
作士，明于五刑，以刑五教，期于予治。刑期于無刑，民協于中
時，乃功懋哉！」⑯說明以刑輔教之時，務必講求寬和之道。因
此，舜在任命契爲司徒時，更有一段重要的指示：「百姓不親，
五品不遜，汝作司徒，敬敷五教；在寬。」⑰亦即舜有鑒於當時
社會存在百姓不親，五品不遜之現象，因而任命契掌理邦國之
教，並指示其應以寬和之道施行五常之教，以確立國本。

經由帝舜對於推行五教以成五典之努力，卒能奠定施政立國
之大本，而行諸後世。因此，商王受即由於「狎侮五常，荒怠弗

敬」，[18]而成為被討伐的重要理由。而武王克商之後，則必須遵行「建官惟賢，位事惟能，重民五教。」[19]之施政措施。而成王則在既黜殷命、滅淮夷之後，以「司徒掌邦教，敷五典，擾兆民。」努力推行國政。[20]至於穆王，則任命君牙為大司徒以為輔翼股肱之臣，並且提醒君牙「纘乃舊服，無忝祖考，弘敷五典，式和民則。」以彰顯文武之光，且藉此得以追配前人之功德。[21]

《尚書》對於「五典」、「五教」、「五常」之記載，既已述之於上，而推行此人倫常性之教，遂成為施政者最重要的工作，其見諸古代典籍者，則有鬥伯比之勸楚子曰：「故務其三時，修其五教，親其九族，以致其禋祀；於是乎民和而神降之福。」[22]直接說明修五教、親九族對於社會安和之重要。另外，大史克更直接明指「舜臣堯，舉八愷，使主后土，以揆百事；莫不時序，地平天成。舉八元，使布五教于四方，父義、母慈、兄友、弟恭、子孝，內平外成」，[23]為帝舜施政懂得立本之犖犖大功。而所謂「五典（常）」、「五教」之施行，其實即為「齊家」之根本要旨，更是治國、平天下之基礎所在。

第三節　孔孟所倡人倫關係的社會背景

人是群居的動物，因而人與人之間的人倫關係必定與社會整體發展的脈絡具有重要而密切的關係。我國歷史上對於推行人倫教化最重要的人物，無疑地應該首先推崇以孔子為首的儒家學派；且以孔（551-479B.C.）、孟（371-289B.C.）之人倫學說為主。在孔、孟的人倫學說中，尤其更要注重孟子所提出「父子有

親，君臣有義，夫婦有別，長幼有序，朋友有信」五大人倫之內
容，㉔因為孟子對於人倫關係的主張，乃是後世所謂「五倫」、
「五常」所指謂之內容，且延續至今而不曾改變。至於荀子（有
關荀子的生卒年，眾說紛紜，已不可詳考，其中根據汪中之考
證，為298-238B.C.雖然此亦僅供參考，但是這段期間確實是荀
子一生中最活躍的階段，也是其活動最查有實據的時期。），雖
然也是先秦時期的重要儒者，且為集大成之先秦儒家，不過因其
所處之時代，特別看重國君統一天下之迫切性，因此荀子認為
「君臣、父子、兄弟、夫婦」乃是與天地同理，與萬世同久的人
之「大本」，㉕其所包含之內涵有別於孟子之人倫觀念。更重要
的，則是因為荀子所處之時代已在郭店楚簡抄寫完成之後，所以
並不影響竹簡中所代表的人倫觀念，因此荀子以「君臣」為首的
人倫關係說法不在此處討論之列，且《荀子》所載之資料亦僅列
為旁證。以下即分別論述孔子、孟子所處之時代與當時之社會狀
況：

一、孔子與春秋末期的社會狀況

孔子之時，雖然已是周文罷弊、天下無道而禮壞樂崩之時
代，不過由於文武之餘業猶存，因此周天子仍然是天下之共主；
即使有五伯之起，卻也猶尊周之王室。至於五伯之後，當時諸君
雖然無德，但是人臣輔佐其君，如鄭之子產、晉之叔向、齊之晏
嬰之流，皆能謹守人臣應盡之職責，因此劉向（77-6 B.C.）還認
為此輩之人尚且猶能「以義相支持，歌說以相感，聘覲以相交，
期會以相一，盟誓以相救」，亦即呈現於當時社會的，是「天子

之命猶有所行，會享之國猶有所恥，小國得有所依，百姓得有所
息」㉖之狀況，所以孔子終其一生，仍然對於恢復周文之理想社
會秩序深深嚮往，企圖轉無道為有道。

　　由於恢復周文秩序以入於道之最佳、最有效途徑，乃是從外
透過君臣之規畫各項制度以引導臣民執行應盡之職，從內則透過
父子之教導學習，使之積漸日深以成良好習性。基於上述理由，
以致以師生問答為主要內容的《論語》之中，並未曾在一段談話
中同時出現「父、母、兄、弟、子」五種身分地位者應該具有何
種特性，僅有「欲絜其身而亂大倫」、「言中倫、行中慮」直接
指涉「倫」之記載，㉗而最常見的，就是孔子對於為政之道的論
述以及人子孝親、敬親之道；且從全書所載，又明顯可見孔子特
別看重君、臣、父、子必須各盡其分，而達到孔子對於「君君、
臣臣、父父、子子」人人各盡其分的期許。㉘

　　雖然對於夫婦人倫的討論不見於《論語》之中，然而從孔子
以「人道，政為大」回答哀公「人道誰為大」之問，然後又以
「夫婦別，父子親，君臣嚴。三者正，則庶物從之矣。」㉙說明
從政者必須講求夫婦、父子、君臣之定位以得人道之正，而後一
般庶物可賴以得其正理。可見孔子當時所注重的人倫關係，應該
已擴展到夫婦、父子、君臣三組人倫之間的對待關係，而與《尚
書》中所載「五典（常）」、「五教」之內容不甚相同，屬於範圍
更廣的人倫關係；只是由於《論語》主要為孔子與弟子師生之間
的問答紀錄，因此全書所見多以個人如何為學做人、人子如何盡
孝悌忠順、學成之後如何輔佐朝政為主，至於夫婦之道雖然重
要，不過由於當時「男主外，女主內」的社會形態已經形成，且

有「外言不入於梱，內言不出於梱」、「內言不出，外言不入」
之習俗，㉚以致夫婦之道應該如何，極難成為師生討論之話題，
導致《論語》之中缺乏對於夫婦之道應該如何之紀錄。

二、孟子與戰國中期的社會狀況

春秋戰國之間，由於開礦、冶鐵以及煉爐鼓風技術之進步，
因此鐵製工具廣泛運用於生產事業以增加農業生產；又由於生產
技術之提升，於是促成人口之繁衍。然而正因為人口之增加，也
增強向外墾荒之迫切需要，因而又刺激土地之開發與利用；更由
於人口增加、生產力提升，導致商品需求量驟升，一方面促成商
品經濟之發展，另一方面則促進城市與商人階級之興起，更激起
世人對於功利之普遍追求。同時，還因為鐵普遍被用為各類武器
之製造，再加上開山鑿礦以及鼓風技術之發達，因此不但促進地
道戰術之開展，也直接擴大戰爭之規模，增加戰國以來戰爭之慘
烈程度，㉛導致人民陷入更艱難的存在處境。

針對戰國時期社會之萬象，劉向認為自從田氏取齊、㉜六卿
分晉之後，㉝社會即普遍呈現「道德大廢，上下失序」之狀態。
至於秦孝公（361B.C.即位）之時，則「捐禮讓而貴戰爭，棄仁
義而用詐譎」，其目的，不外乎「取強而已」。揆諸當時，可謂處
處充斥「篡盜之人，列為侯王；詐譎之國，興立為強。」之事；
甚且流風所至，各界轉相仿效，取之為師，於是各國相互吞滅，
併大兼小，形成「暴師經歲，流血滿野，父子不相親，兄弟不相
安，夫婦離散，莫保其命，潸然道德絕矣。」之現象。㉞中期以
後，戰事愈演愈烈，社會愈來愈混亂，更出現「貪饕無恥，競進

無厭；國異政教，各自制斷；上無天子，下無方伯；力功爭強，勝者為右；兵革不休，詐偽並起。當此之時，雖有道德，不得施謀；有設之強，負阻而恃固；連與交質，重約結誓，以守其國。」㉟之現象，而縱橫短長之說競起以逞其能，皆思如何蠶食其他諸侯國，以併有天下。從劉氏所述，可見從戰國初期以來，道德仁義之銷亡，早有江河日下之勢，且為大勢所趨而不可遏阻，取而代之的，則是血腥殺戮、詐詭譎變、瞬息萬端之局面。

　　由於社會不斷驟變，身處戰國中期的孟子，深深感受「王者之不作，未有疏於此時者也；民之憔悴於虐政，未有甚於此時者也。」㊱之悲痛，因為周王朝早已名存實亡，其地位與作用且遠遠遜於許多千乘、萬乘之諸侯國，各諸侯國之間，無不以圖謀變法、兼併弱小之方式而壯大自己之聲勢；努鷙之人皆知周代王道之治，是不可能再重新恢復原有的秩序的，因此孟子在鼓勵時君「以不忍人之心，行不忍人之政」㊲之時，不但要強調「仁者無敵」㊳之積極作用，而且還可從「不嗜殺人」的消極不做為方式，達到行仁政者「能一之」的目的。㊴

　　由於當時之統治者，多屬「未嘗不嗜殺人」㊵者，且多行「率獸而食人者」㊶之事，而社會則已經處於「聖王不作，諸侯放恣，處士橫議，楊朱、墨翟之言盈天下。天下之言不歸楊，則歸墨。楊氏為我，是無君也；墨氏兼愛，是無父也。無父無君，是禽獸也。」㊷以邪說誣民之混亂狀態，其更具體可見的，則是「強戰爭地以戰，殺人盈野；爭城以戰，殺人盈城。」的悲慘狀況，因而孟子要攻擊此「率土地而食人肉」者，嚴厲指責其罪當不容於死，並且還提出「善戰者服上刑，連諸侯者次之，辟草萊

任土地者次之」[43]的主張。針對當時為政者這種挾政治勢力而虐殺百姓、殘民以逞的現象，孟子因此強烈地認為所謂湯放桀、武王伐紂的事件，並非臣弒其君的行為，而是由於桀、紂具有「賊仁者，謂之賊；賊義者，謂之殘」的歷史事實，因此這種「殘賊之人」，僅能說是「一夫」，而不再是「人君」，所以只能說「聞誅一夫紂矣」，而未聞有以臣弒君之事。[44]

由於孟子生存的環境不但有邪說亂民的意識混淆現象，更有統治者普遍「率獸而食人」的殘暴事實，因此孟子在人倫關係上，除卻首先注重父子天倫之外，早已特別注意君臣這一特殊群體對於世人身家性命以及社群福祉影響之重大，因此在強調「父子有親」之後，緊接著，則述說「君臣有義」，然後才是「夫婦有別，長幼有序，朋友有信」，不但已經明顯擴大人倫關係的範圍，而且對於每一組人倫組合，均賦與適切的德性。

第四節　從「三親」到「五倫」的擴張性人倫意義

郭店簡文中所載的「三親不斷」，經由以上的論述，應可確定其所指謂之對象應為「父子、兄弟、宗族」的三組人倫關係，且以此為基礎，而擴張為「父子、君臣、夫婦、兄弟、朋友」的五種人倫關係。這五種人倫關係甚且發展為後世一致公認的「五倫（五常）」，成為人倫中最重要的五種常道。然而追溯此所謂「三親」之本，則又源於更早、更原始的人倫本源關係，因此以下即依循人倫之本、宗族倫理之重心以及五倫常道的次第發展，

以理解人倫關係擴張之意義:

一、以「五典(常)」、「五教」鞏固人倫之本

　　人與人之間的關係,最原始也是最重要的,就是父母與子女的自然血緣關係,以致《孝經》要說:「父子之道,天性也」,因為「父母生之,續莫大焉」,父母與子女之間原本就具有血脈相通、基因相續、習性相承的事實,所以《孝經》所載「不愛其親而愛他人者,謂之悖德;不敬其親而敬他人者,謂之悖禮。」㊺之說,就在於其行為已經明顯違逆人情之常。父母對於子女,除卻具有「造生」之實以外,更有劬勞提攜、勞瘁鞠育、辛勤顧復的昊昊之德,㊻因此世人習以為稱的「父慈子孝」之相互對待,就是發乎天性、本乎人情的人倫常道。

　　由於父母與子女之間具有最直接且密不可分的關係,因此父子天倫乃為人倫之首;至於兄弟姊妹之間則由於彼此具有生之同源性,而僅次於父子一倫,且皆屬於至親之範圍。由此可知人類孳生繁衍的自然法則,除卻直系血親之代代相傳以外,尚有為數更多的旁系血親之擴充推展,以延續並壯大人類的族群發展。基於這是亙古以來人人皆知的事實,因此《尚書》之中雖然出現多次的「五典」、「五常」以及「五教」之記載,然而經文之中並未明見其所指謂之主體為誰,倒是《左傳》的經文中有「父義、母慈、兄友、弟恭、子孝」之明確紀錄。綜合此人倫事實以及文獻所載,應可確定「父、母、兄、弟、子」乃是「典」、「常」、「教」之主體人物,而「義、慈、友、恭、孝」則為「典」、「常」、「教」之內容。

　　倘若進一步分析「父、母、兄、弟、子」五種成員之內容，
則可以清楚地發現此乃人類最本源的父母與子女之直系血親以及
兄弟姊妹之旁系血親關係，由於要與宇宙中「五」的特殊組合關
係相對應，於是從人際關係最密切的父、母、子、女、兄、弟、
姊、妹八種成員中，保留五種最重要的成員，而合併其他三種成
員於此五種成員之中，因此保留人之造生必須經由「父」、「母」
雙方陰陽和合之孕育的根本事實，其餘，則以「兄」涵括
「姊」、以「弟」涵括「妹」、以「子」涵括「女」，於是形成
「父、母、兄、弟、子」最重要的基本人倫對象。至於這五種成
員之間應該具有何種德性以成其「倫理」，則可發現從人情所認
為最天經地義的「父慈子孝」人倫義理中，乃是基於男子具有陽
性剛健，女子具有陰性柔順的行為特質取向，並且保留父母應該
慈愛子女的最基本特質，而使代表女性之母持有之，成為「母慈」
之標題；另外，再由具有陽剛特質的父親附加上具有剛健決斷特
性的「義」，而與母性之「慈」成為明顯的對比。這種「父義母
慈」之說，又正可與《禮記》「父之親子也，親賢而下無能；母
之親子也，賢則親之，無能則憐之。母，親而不尊；父，尊而不
親。」⑰所載相呼應，特別突出父與母之愛子，儘管其心同、其
理同，然而其行為模式還是有所差異。至於存在於兄弟姊妹之間
彼此的對待關係，雖然可以籠統以「友愛」概括之，不過，根據
長幼之間的年齡分殊以及彼此對於人情世故認知之深淺多寡，再
行區分出兄姊對於弟妹應以「友愛」為尚，弟妹對於兄姊則應另
外懷有一分「恭敬」之意的差異特性。

　　有關人倫之典型，於《論語》中，孔子極為稱道舜，認為舜

乃「無為而治」，㊽且於治天下有大功，㊾然而舜之所以能成就大功，則應本於孝為百行之首，而舜又為至孝之人，㊿因此能「明於庶物，察於人倫」，而且其所行，還是由仁義行，而非行仁義；(51)亦即舜能本乎仁義之心以盡人倫之至，所以縱然父頑母嚚，異母弟象又屬極凶無比，但是舜仍能善盡孝悌之道，(52)一本「己欲立而立人，己欲達而達人」(53)之原則行事，且以「修己以敬」、「修己以安人」、「修己以安百姓」之漸進方式施政，(54)成就所謂「大孝尊親」，且能「以天下養」之境界。(55)倘若再追溯舜之所以能成為「大孝」、「至孝」之根本道理，則透過《孟子》以下所載舜處理其家中「父、母、兄、弟、子」各成員之間錯綜複雜的事件，(56)可以得到適切的說明：

㈠舜具有「大孝，終身慕父母」之情懷

堯使其子九男二女、百官以及完備之牛羊、倉廩，以事奉舜於畎畝之中，而當時天下之士，則多能心悅誠服地歸於舜之旗下，致使堯極欲將天下禪讓與舜，但是舜卻始終感覺「不順於父母，如窮人無所歸」。對於舜能擁有天下士皆悅服之心，且又享有「好色」之帝女以為妻，同時還擁有「富有天下」、「貴為天子」之事實，然而舜卻始終有「無足以解憂」之嘆，且有「惟順於父母可以解憂」之反應，即可以明瞭此乃舜發自內心深處，而自然流露出的「大孝，終身慕父母」之情懷，說明舜具有大孝之事實。

㈡舜具有敬愛父母、友愛兄弟之實

舜前後經歷許多駭人聽聞之事實，先是舜之父母命令舜整治倉廩，卻遭人捐去階梯而焚燒廩屋；然後，舜之父母再使舜疏濬井道，卻又有人投石掩井。舜歷劫而歸，異母弟象發現舜並未死亡，則只能忸怩作態以佯裝思念兄長。舜不但不怪罪象弟殺己之企圖，且能因其「以愛兄之道來，故誠信而喜之」。此並非舜是愚而可欺，乃純粹是「君子可欺以其方，難罔以非其道」之具體表現。因為父母與異母弟終歸是自家親人，身為人子與人兄，於理而言，實不應懷疑父母與異母弟有殺己之心；不過，從現實之狀況而言，舜置身在氣氛獨特的家中，由於舜具有「明於庶物」之本事，因此面對接二連三「蓄意謀殺」的徵兆，又絕對不能無「防人之心」。因此，舜平時早已提高警覺，所以可以趕在瞽瞍捐梯焚廩、掩埋井口之前即時逃脫，以免父母淪於不仁不慈、異母弟落入謀殺兄長等萬世不可更改的罪名，可謂具體實踐敬愛父母、友愛兄弟的孝悌之行。

㈢舜能躬行天下至孝之原理

舜為天子，誅殺共工、讙兜、三苗以及鯀之四凶，而象雖然為至不仁，卻封之有庳。舜如此對待象，乃是基於「仁人之於弟也，不藏怒焉，不宿怨焉，親愛之而已矣。親之，欲其貴也；愛之，欲其富也。」的一念之仁；同時，舜雖然使象有有庳之國，不過卻又另外委派官吏治理其國，有庳之人民僅須按時向象繳納貢稅，而象雖有國，卻也不得暴虐其民，此可謂兼顧仁者友愛異母弟，使之既富且貴，同時又能妥善照顧人民之表現。由於舜如

此友愛象，因此足以寬慰瞽瞍父母之心，而化解家中乖戾之氣，此即所謂「孝子之至，莫大乎尊親；尊親之至，莫大乎以天下養。為天子父，尊之至也；以天下養，養之至也。」之說，也正是舜已經成就人間至孝之表現，無怪乎孔子要以舜為至孝之人，同時這也是孟子所說的「聖人，人倫之至也」⑤⑦的最佳寫照。

從上所述，可知舜由於遭遇特殊的家庭因素，導致舜在家中的處境特別艱難，若非舜能躬行實踐人倫至孝之理，則父母設計殺子、幼弟謀害兄長之人倫悲劇早已發生。不過也正由於舜存在處境之惡劣，多次險些釀成人倫悲劇，反而可以凸顯家庭中「父、母、兄、弟、子」最重要的各個成員，彼此都應該遵循一定的人倫義理，方可以維繫彼此的感情，且藉此以促進家庭的和樂氣氛，達到鞏固人倫之意義。

由於舜在親情方面的特殊體驗，因此一旦為天子，即非常注重人倫教化之推動，一方面使契為司徒之官，從積極的德行教化入手，開發人性中溫良和善、恭敬禮讓之特質，另一方面，也不排除消極防罪之重要，透過以刑輔教之方式推行「五教」，於是任命皋陶為政，即首先倡明五刑之用以便利五教之推動，亦即配合人性本有趨吉避凶之傾向，誘導世人走向「五典（常）」之確立。雖說父之愛子本乎天性，然而一旦「浸潤之譖，膚受之愬」⑤⑧日日行之，則縱然關係親近如生身之父，也罕有不漸移其性者，因此所謂「瞽瞍」者，乃特別強調其心之「無明」、其志之老朽，無法明辨繼室對舜之蓄意加害，也無法貫徹父親愛子之天倫，甚且還協助進行不仁不慈之事，險些釀成人間悲劇；由此可見人倫雖然本乎天性，仍然亟待後天之長養，而後能行之自然，

這正是孟子所說的「苟得其養，無物不長；苟失其養，無物不消」
⑲之原理，因為要想保有牛山之木的美，非僅不可以斧斤旦旦而
伐之，尤其需要充足的夜氣與雨露之點滴滋潤，方可以逐漸長養
而成其美，所以人倫儘管是本乎天性之自然，不過仍然需要以教
化之力量不斷增強之。

二、以「三親」確立宗族倫理之重心

隨著生活範圍的不斷擴大，人類必須結合更多的力量以抵禦
外侮、改善生活條件，同時由於周代推行封建宗法制度，致使我
國古代社會從原來專門注重「父、母、兄、弟、子」的親子手足
關係，擴大到以「三親」為核心的宗族社會型態。這種以「父
子、兄弟、宗族」為「三親」的宗族社會型態，乃是吸收原來
「五典（常）」、「五教」中的至親關係，然後再加上數量更多的
宗族成員，由內而外輻射，形成一個親疏有緻而且組織嚴密的親
族網絡，同時從其標榜「三親不斷」的現象，說明當時的社會不
但注重宗族組織的力量，而且還更注重宗族成員之間應有的倫理
關係。

根據卜辭所載，「宗」可用以指稱「宗廟」之義，⑳並且此
一用語習慣還延續至周代之時，如《毛詩》之「鳧鷖在眾，公尸
來燕來宗。」㉑、《儀禮》之「往迎爾祖，承我宗事。」㉒、
《周禮》之「凡師甸，用牲于社宗，則為位。」㉓均歸屬此類。
可見「宗」之地位，自商、周以來，其地位即相當崇高，凡同
「宗」者即來自相同宗廟，彼此具有「公同祖」之實。至於
「族」，卜辭中則有「王族」、「子族」、「多子族」、「三族」、

「五族」等語詞。⑭倘若從卜辭之文辭脈絡以及文字結構而言，
則「族」之義，當非僅僅指稱親族或家族之義，並且還應指謂親
族或家族之間所從事的軍事戍邊以及軍事防衛等活動。根據《說
文》「族，矢鋒也，束之族族也。從㫃從矢，㫃所以標眾，眾，
矢之所集。」可知「族」與「矢」的關係密切，再從段《注》
「今字用『鏃』，古字用『族』」之記載，⑮明顯可見「族」之本
義，本為殺敵禦侮之兵器，且由於殺敵禦侮必須聚合眾人以壯大
聲勢，而這些齊聚一堂貢獻心力，不惜流血流汗之人，又是具有
同宗共祖關係之人，所以「族」還擁有「公同祖」之實。⑯另
外，《爾雅》以「父之黨為宗族」，又說「木族生為灌」，而郭璞
注曰：「族，叢也。」《廣雅》有「族，湊也。」、「族，聚也。」
之說，⑰而《白虎通》也說：「族者，湊也、聚也，謂恩愛相流
湊也。上湊高祖，下至元孫，一家有吉，百家聚之，合而為親，
生相親愛，死相哀痛，有會聚之道。」⑱綜合上述對於「族」之
涵義說明，可見所謂「族」之義，乃同時兼涵同宗共祖之族群概
念，彼此生活關係密切，同時又是族人禦敵寇邊時所使用之武
器。丁山則進一步追溯「族」字之來源，認為「族」不僅從家族
親屬關係演變而來，而且還應為古代氏族社會軍旅組織之遺跡。
⑲

　　歸納「宗族」的字源意義及其特殊的歷史背景，「宗族」的
涵義，從最本源的同宗親屬關係，然後因為共同抵禦外侮、共謀
改善生活環境之需要，於是自然凝聚成一龐大而堅實的生命共同
體，更因為周代極力推動封建宗法制度，以宗法強化家族組織的
力量，以宗子凝聚全宗族的向心力，達到「收族」的作用，⑳因

此一旦保有宗族關係，則不管其宗族的關係是極其親密或者已經
相當疏遠，都擁有「血濃於水」的事實。因此在區分各種不同的
人際關係時，自然會把宗族列於優越地位，所以與朋友相較時，
具有宗族關係者還是親於朋友之間的關係。郭店楚簡有關「宗族」
的紀錄雖然極少，但是從簡文中「為宗族抗（殺、麗、離）朋
友，不為朋友抗（殺、麗、離）宗族」⑰的記載，即可以說明宗
族比朋友具有優越地位的事實。不過，若欲清楚地釐析宗族關係
對於當時之人的重要性，則應對照傳世文獻的相關記載，尤其應
該透過喪服制度之整體規畫，從其中的精密分殊，可以體會複雜
的宗族關係對於個人生存的意義。

　　配合文獻之記載，宗法制度下的宗族組織，更明確地說，應
為以「本宗九族」為核心的結構組織。所謂「本宗」，由於周代
之社會形態已是明顯的父系社會，所以強調父權、父治與父系繼
承制度，因此所謂「本宗」即是指稱以父系為本的家族結構組
織。至於所謂「九族」，⑰參照「親親以三為五，以五為九，上
殺、下殺、旁殺，而親畢矣。」⑱以及「四世而緦，服之窮也。
五世祖免，殺同姓也。六世，親屬竭矣。」⑲之說法，可知所謂
一個人的親屬關係，乃是以自己為中心，縱貫直系親屬向上四世
至於高祖，向下四世至於玄孫，至於橫攝之旁系親屬，則由自己
向左右各推四等而至於第五等的族昆弟（含妻）。不過，倘若合
併「克明俊德，以親九族；九族既睦，平章百姓；百姓昭明，協
和萬邦；黎民於變時雍。」⑳、「德日新，萬邦惟寧；志自滿，
九族乃離。」㉑之記載來看，則顯然此時之主體應為天子，而
「百」、「萬」均為「虛數」，並未指實，因此所謂「九」或者亦

應為虛擬之詞，其義乃為「究極」之稱，用以泛稱天子所應該親近和睦之所有親屬。但是，當「九族」而與「本宗」相結合，則此「九族」之範圍即應與父系之「本宗」親屬合併考慮，且也應該配合服喪時，「四世之緦」為「服之窮」的情形，將一般人「九族」之親屬限定在以自己為中心而向外輻射之親族。

　　從《左傳》所載周初分封魯公、康叔與唐叔之情形，可知分封建國之時，除卻應有正式的冊命文誥以裂地封國外，周天子還會分別賜予賞物或官員，除此之外，並且分令各諸侯掌管殷商不同宗族之遺民；倘若殷之遺民能歸順於周，即可保有自己的宗氏、分族，族人仍然聚集而居，並未解除原來的氏族組織。⑰由此可見當時由於土地所有權歸屬封建主所領有，以致人民之遷徙不易，因此宗族之間的各成員，即在朝夕相處、長期聚居的情形下，自然孕育出哀樂與共、休戚相關的親切之情，而同一宗族之間的感情自然也篤實深厚無比。另外，由於周代社會之形態以農業為主，而當時之農耕事業又多集體耕作之情形，因此透過經常性的共同勞動，族人無論是工作或者流汗都在一起，歡笑與悲傷也都在一起，如此養成的感情就是最真實而誠摯的。從〈載芟〉所載「千耦其耘，徂隰徂畛。侯主侯伯，侯亞侯旅，侯彊侯以。有嗿其饁，思媚其婦，有依其士，有略其耜，俶載南畝。」即可看出全體農民辛勤耕耘之情形，加上農婦體貼送飯、殷勤慰問，促使農民耕種更為賣力，所以能夠「載穫濟濟，有實其積，萬億及秭。」而獲得大豐收。豐收之後，則為積極準備豐年獻祭，與祖先同享光榮，所以又說：「為酒為醴，烝畀祖妣，以洽百禮，有飶其香，邦家之光。」⑱這種辛勤耕耘、歡喜收穫、感恩盡禮

的溫馨場面,正在農村間日復一日、年復一年地展開,而宗族成員之間親密的關係,也相對地在不斷成長、茁壯中。

由於宗族之間的關係非常親密,然而也因為成員眾多,以致相互之間又有親疏遠近之不同,感情也有深淺厚薄不一的情形。因此,在表現人際關係最細密的喪服制度中,除卻為父子、兄弟之至親訂定服喪內容之外,其最複雜的部分,就是如何針對廣大的宗族團體制定與其親疏遠近關係相切合的服喪標準,以符應彼此感情深淺之分殊。由於喪服制度的規畫,在於培養族人「血濃於水」的親族感情,以凝聚族人的向心力,俾能共同為宗族犧牲奉獻,因此可以發現喪服制度中,明顯有崇揚同姓己族,而相對地壓抑異姓外親之現象。由於認定父系親屬才是同宗本親,因此妻黨、母黨皆僅能視為異姓外親,於是在喪服制度的整體規畫中,必須從眾多的服喪範圍,再嚴格區分內外親的服喪標準。凡是為外親服喪,最高不過二世之親,而且即使有服,亦多以最輕的緦麻為主,除非以特殊名分(外祖父母以「尊」而加,從母以「名」而加),才可加服至小功之服。⑳然而反觀為本宗親屬服喪,則上自斬衰下至緦麻三月之服,間夾以增減杖、絰、帶之不同佩帶,形成林林總總,分殊細微的諸多狀況,而大別於對待外親之簡略。

由於喪服制度之規畫,旨在藉由有服與無服先行區分彼此是否為「五服」之親,然後再經由喪服的輕重、喪期的長短,區別彼此親疏遠近之不同,因此凡是能列入五服之內的同宗親族,則多擁有一分宗族之間的親情,就應該特別看重彼此應有的倫理關係。職此之故,郭店簡中才會在「三親不斷」之後,接著又有

「門內之治恩弇宜（義），門外之治宜（義）斬恩」之記載，說明
同宗族與非宗族之間，彼此的對待之道本來就有本質性的差異，
更可以說明簡文之所以強調「三親不斷」，乃是因為人倫關係
中，父子、兄弟的重要性人人皆知，而所謂「宗族」，即因其所
包含的人數眾多，且其中又不乏關係較疏遠者，倘若不加強調，
極可能因為有意或無意地忽略，而喪失其在人倫中應有的重要地
位，成為講求宗族倫理時的瑕疵，所以郭店簡必須特別標明「為
宗族瓜（殺、麗、離）朋友，不為朋友瓜（殺、麗、離）宗
族」，提醒這一項從「父子、兄弟」至親關係的人倫中擴大出來
的「宗族」倫理，從人類社會演化的角度來看，具有相當重要的
地位。

三、以「五倫」之常道建立合理周延的人倫網絡

周初的政治領袖懷抱強烈的「憂患意識」，一本「殷憂啟聖」
的堅定信念，以高瞻遠矚的寬廣視野訂定各項影響世人生活深遠
的制度，因此王國維（1877-1927）即認為若欲觀察周代所以定
天下之道，當從其所立之制度下手，[80]而其中齊集封建、宗法以
及喪服三者合一的制度，就是維繫周代八百多年命脈的根本制度
與根本大法。再深入封建、宗法以及喪服制度的精神，則為宗族
之間「血濃於水」的親情貫串於其中。雖然後來封建制度解體，
但是這種宗族觀念自周代以來，仍藉由宗法以及喪服制度，深深
植根於國人心中，成為衡量人倫義理時最重要的參考準據。

宗族的觀念儘管在國人的心中具有根深柢固的地位，但是由
於社會政治、經濟結構以及土地政策等諸多條件的改變，以致連

帶影響人民的生活模式。以往數代同堂、同族聚居的現象，戰國
以後，由於人民主動或被動地頻繁遷徙，已無法維持從前日出而
作、日入而息，全族朝夕相處的生活方式，也無法再享有過去休
戚與共、疾病相扶持的極簡單又親密的關係，而且隨著城市與商
業之興起，國人的生活形態都在改變當中。基於社會生活形態的
極大變革，人際之間的往來對象也相對改變，而人倫義理的內容
亦須重新再作調整；因此孟子提出「父子有親，君臣有義，夫婦
有別，長幼有敘，朋友有信」的人倫宣言，以符應戰國以來人際
關係之改變。

　　歸納孟子的五項人倫宣言，大抵可分爲以下四類，且各具作
用：

（一）遵循「五典（常）」、「三親」之人倫關係以奠定人倫之本

　　從孟子的五大人倫中，可以發現名列首位的「父子有親」，
可以簡單概括「五典（常）」中「父義、母慈、兄友、弟恭、子
孝」的內容，且與「三親」之中以「父子」爲首、爲重的現象相
同，說明父子天倫位居人倫之首的重要地位是無容取代的。

　　然而繼父子一倫之後的「兄弟」一倫，不但在孟子所謂的
「五倫」排序上有所改變，而且名稱也從「兄弟」更改爲「長
幼」，顯示原來僅用以指稱與自己有手足之親的兄弟一倫，至此
已經擴大爲宗族中具有長幼倫輩關係的廣大族群，不但顧及「三
親」之中原有的「兄弟」關係，同時還兼含「宗族」中凡是具有
長幼關係者，都應該具有一定的倫敘關係，亦即長輩應有長輩的
風範，晚輩應有晚輩的規矩。

㈡積極強調君臣應有的人倫關係以順應戰國的生活環境

　　造成戰國中期社會動亂、戰爭頻繁的根本原因，在於為人君者無為人君之道，為人臣者無為人臣之道，上下交爭利、爾虞我詐，彼此無所不用其極。針對此紛亂之現象，於是孟子提出治本之道在於君臣必須以義相尚；孟子深知在當時群雄爭霸的情況下，百姓的身家性命深深取決於為人君與其人臣者的所作所為，因為有能力發動各項殺戮戰爭以毀滅百姓的，就是那些高高在上的人君與擁有權勢的大臣，於是孟子要說：「惟仁者宜在高位。不仁而在高位，是播其惡於眾也。」[81]而且還極力呼籲：「欲為君，盡君道；欲為臣，盡臣道。二者皆法堯舜而已矣。」[82]亦即從堯舜的所作所為，可以清楚地發現何者乃為為人君之道、何者又為為人臣之道。

　　具體而言，孟子認為「君子之事君也，務引其君以當道，志於仁而已」。因為當時多存在積極為國君闢土地、充府庫的聚斂之臣，於是孟子要一針見血地說：「今之所謂良臣，古之所謂民賊也。君不鄉道，不志於仁，而求富之，是富桀也。」同時更要批評那些標榜能為君約與國，且能凡有戰役則必攻克的「強戰」之臣，乃是「輔桀」之人。[83]如此富桀、輔桀之人，均非為人臣者應盡之道；這批人正是所謂「逢君之惡」者，而「逢君之惡」，其罪尤甚於「長君之惡」者。[84]至於所謂君子仕君之道，孟子則主張：「所就三，所去三：迎之致敬以有禮，言將行其言也，則就之；禮貌未衰，言弗行也，則去之。其次，雖未行其言也，迎之致敬以有禮，則就之；禮貌衰，則去之。其下，朝不食，夕不食，飢餓不能出門戶。君聞之曰：『吾大者不能行其

道，又不能從其言也，使飢餓於我土地，吾恥之。』周之，亦可
受也，免死而已矣。」⑱如此去就之道，其中名列第一等級者，
可謂「為道而仕」，倘若「道」之不行，則退而求去，此即相對
彰顯為人臣者應當輔佐國君以行仁道之義。

　　再就積極的層次而言，凡能善盡臣道者，尤其應當具體實踐
「責難於君謂之恭，陳善閉邪謂之敬，吾君不能謂之賊。」⑱之
道理，因為「惟大人為能格君心之非」，所謂大臣，應有「君
仁，莫不仁；君義，莫不義；君正，莫不正。」之體認，懷抱
「一正君，而國定矣。」之從政理想，⑰方能合乎「君臣有義」
之人倫義理，而扭轉戰國時期因為爭城以戰、爭地以戰，而殺人
盈野盈城之殘酷現實。

㈢積極強調夫婦應有的人倫關係以順應戰國的生活環境

　　夫婦為人倫之本，然而《論語》之中缺乏有關夫婦之道的記
載，此不能不說是我國素來以講求宗族倫理為尚者之一大缺憾，
好在婚禮的起源極早，因此可以相對說明夫婦之道的種要。相傳
太昊之時即設制嫁娶之禮，且以儷皮為聘禮，⑱而《儀禮》所載
婚禮之儀式相當繁複，涵義十分深遠，可見其淵源相當久遠。至
於《禮記》之中，又有〈昏義〉詳加申述制定婚禮之義，更有其
他篇章從不同的角度記載婚姻之禮的重要、夫婦在家族中的重要
地位等，這些現象都可以說明「夫婦」這一倫不但有必要單獨提
出，而且還必須特別正視夫妻雙方應盡之人倫義理，以方便推動
所有人間應有的倫理關係。

　　誠如〈郊特牲〉所載：「男女有別，然後父子親；父子親，

然後義生；義生，然後禮作；禮作，然後萬物安。無別無義，禽
獸之道也。」[89]而婚禮之舉行，又正是促成男女有別、夫婦有義
所不可或缺之儀式活動，因為藉由莊嚴隆重的婚禮，可以嚴男女
之別，而防止婚外淫亂之發生，尤其婚禮當天，新郎親迎新娘返
家之後，還必須「為酒食以召鄉黨僚友，以厚其別也」。[90]就是
藉由這種公開而盛大的儀式，向社會大眾鄭重宣示，促使新婚夫
婦雙方都能從內心確認兩人自此結為「一體之親」的事實，因而
從今以後雙方都必須各安其室、各安其家，不可再有攀龍附鳳另
結新歡的非分之想。

　　由於婚禮之意義重大，因此〈昏義〉要鄭重記載：「敬慎重
正而后親之，禮之大體，而所以成男女之別，而立夫婦之義也。
男女有別，而后夫婦有義；夫婦有義，而后父子有親；父子有
親，而后君臣有正。故曰：昏禮者，禮之本也。」[91]而〈中庸〉
也說：「君子之道，造端乎夫婦，及其至也，察乎天地。」[92]由
此可見所謂夫婦之道，乃是人倫之大本，「五倫」之中堅。必待
男女雙方彼此的名分確定，不再互起輕佻淫欲之念，始能各安其
家室，彼此同甘共苦，同心協力以興隆家道，於是能成就夫婦之
義。倘若夫婦有義，彼此能各盡其職分，則家族之氣氛融洽，父
子之關係也自然和諧，因而易於養成具有中正平和心性之個人，
這種具有中正平和心性之人一旦進入社會政治團體，則可以得君
臣之正，成為造福百姓之動力，而不至於淪為殘暴人民之劊子
手。倘若追溯孟子如此重視「夫婦有別」之義，實可說是上承前
述孔子以「夫婦別，父子親，君臣嚴。三者正，則庶物從之矣。」
中，以「夫婦別」為首的思想脈絡而來。

㈣積極開闢「朋友」的新人倫關係以擴展生活領域

司馬牛（生卒年不可考）雖然擁有四個兄弟，可惜都行惡作亂，尤其以次兄桓魋為然，致使其有「人皆有兄弟，我獨亡！」之感嘆，因此子夏一方面以孔子「死生有命，富貴在天」的說法安慰司馬牛，另一方面，則積極鼓勵其若能力行「君子敬而無失，與人恭而有禮」的道理，則「四海之內皆兄弟也」，君子實在不必擔憂沒有兄弟。⑬這種「四海之內皆兄弟也」的思想再進一步引伸發揮，則可以產生「四海之內皆朋友」的圓融思想。

孟子或許本於這種「四海之內皆兄弟」的啟發，另外，則基於當時人民遷徙日益頻繁，宗族聚居共處的範圍相對縮減之事實，因此當面對波譎雲詭、縱橫捭闔、變幻萬端的複雜局勢之時，朋友之間是否能發揮「同道為朋」、「同志為友」之作用，⑭是否能相互切磋以致力於道，是否能彼此提攜互助以實踐仁義之道，往往就是事情成功與否的關鍵所在，因此孟子提出「朋友」之第五倫，將原本以宗族為核心的人倫關係，擴展出另一不具任何血緣、姻親關係，且無君臣上下相互隸屬關係之「朋友」一倫，一方面可以積極擴大自我生活之領域，另一方面則可以恢宏「四海一家」、「四海之內皆兄弟」的寬廣視野與思想。

經由上述對於孟子所提「五倫」之分析，可見這種「五倫」觀念顯然可以普遍運用於更廣泛的人倫關係之中，而不再受限於單純的宗族倫理之間。尤其將「君臣有義」列於「父子有親」之後，明顯說明個人與社會政治團體的互動關係日益密切，因而在這廣大群體中各成員之間應該具有何等的倫常關係，需要仔細而周延地思考。孟子處於群雄爭霸、彼此競相佔地為王的戰國中

期，適時提出「君臣有義」之呼聲，無疑是極合理且切合人道需要的。至於「朋友」一倫之提出，實乃從「四海之內皆兄弟」之說法蛻變出「四海之內皆朋友」的想法，足以概括人際關係所未曾規畫出的其他關係，因而此五種人倫關係，雖然歷經朝代更迭，卻獨能屹立不搖，同時，後世還逕以「五倫」或「五常」為稱，形成人倫應守之常道，顯示出其乃合理而周延的人倫網絡系統。

第五節　倫理本乎人情天理

　　從《說文》「倫，輩也，從人侖聲；一曰道也。」㊺之記載，可知「倫」應為形聲字，基於形聲字中擁有「其聲兼義」之一條例，因此，應該再向前追溯「侖」之字義以明確「倫」之意義，於是發現《說文》有「侖，思也，從亼冊。」之記載，而段《注》則言：「聚集簡冊必依其次第，求其文理。」㊻由此可知就許慎之意，「侖」乃會合亼冊之義以成「思」之義。至於何以會合亼冊可得「思」之義，此從段氏所言「必依其次第，求其文理」可以略見端倪。因為簡冊所載，無非或為記言或為記事之紀錄，而不論或是記言或是記事，都必須經過一番思考而後能形諸文字、傳諸後世，因此若欲將此眾多記載言與事之簡冊聚集一處，則唯有「依其次第，求其文理」，按照分門別類之方式處理，方能為使用者提供因類索驥之功，以發揮簡冊記言論事之用。至於所謂「理」，則《說文》記載：「理，治玉也。」而段《注》言：「理，為剖析也。玉雖至堅，而治之得其䚡理以成器

不難,謂之理。凡天下一事一物,必推其情至於無憾,而後即安,是之謂天理,是之謂善治,此引伸之義也。」段氏更引述許氏曰:「知分理之可相別異也。古人之言『天理』何謂也?曰:理也者,情之不爽失也;未有情不得而理得者也。天理云者,言乎自然之分理也。自然之分理,以我之情絜人之情,而無不得其平是也。」⑰綜合「侖」以及「理」之涵義,可知「從人侖聲」之「倫」,即應指謂人與人之間彼此應有之次第與道理,而這種次第與道理,即是本乎「人情」之「天理」;只是這種「人情」又絕非純粹任憑個人之所欲而一意率行之,而是必須「以我之情絜人之情」,且又必須使人我相互絜度之後,彼此皆能「無不得其平」;倘能如此,方能成就真正之人情。由此可見所謂「倫理」,乃植根於人情天理而來,是運轉人際關係時最重要的準據。

　　人情中最根本、最重要的關係,當首推與個人關係最密切的「父、母、兄、弟、子」,此五種人各自應該盡到「父義、母慈、兄友、弟恭、子孝」的職責。其次,由於生活圈的擴大,政治形態又深切影響社會生活方式,因此與封建制度配套實施的宗法制度,一躍而為影響人際關係的主軸,於是「父子、兄弟、宗族」的三組人際關係,即成為人倫中三種無法斷絕的關係。在此「三親」之中,「宗族」人倫之提倡,尤其特別彰顯人類為改善生存環境,於是群體生活的範圍必須不斷擴大之事實;並且在特定的群體範圍內,各成員間彼此具有深淺不一,然而卻又組織嚴密的聯絡網絡,而此三組無法斷絕的親屬關係,即是原始人情之擴大,而為天理應當遵守之內容。繼此之後,由於封建解體,儘管

國人心中的宗族觀念仍然根深柢固，不過由於遷徙日益頻繁，加上政局動盪瞬息萬變，於是君臣與朋友的角色地位，對於戰國中期以後世人之生活愈形重要，所以「父子有親，君臣有義，夫婦有別，長幼有序，朋友有信」之倫理要求，不但順於當時人情所需，而且還應乎天理所要，所以能傳諸後世，歷久不衰，成為人倫應守之常道。

注釋

①其詳參見荊門市博物館編，裘錫圭審訂，《郭店楚墓竹簡》（北京：文物出版社，1998年5月），頁188。

②《禮記》〈喪服四制〉，見於漢·鄭玄注，唐·孔穎達等正義，《禮記正義》，收入《十三經注疏》（臺北：藝文印書館，1985年12月），頁1032：其恩厚者，其服重；故為父斬衰三年，以恩制者也。門內之治恩揜義，門外之治義斷恩。資於事父以事君，而敬同；貴貴、尊尊，義之大者也；故為君亦斬衰三年，以義制者也。

③《儀禮》〈喪服·齊衰不杖期〉，見於漢·鄭玄注，唐·賈公彥疏，《儀禮注疏》，收入《十三經注疏》（臺北：藝文印書館，1985年12月），頁355：夫妻一體也。

④徐少華，〈郭店楚簡《六德》篇思想源流探析〉，收入武漢大學中國文化研究院主編，《郭店楚簡國際學術研討會論文集》（武漢：湖北人民出版社，2000年5月），頁381。

⑤涂宗流、劉祖信著，《郭店楚簡先秦儒家佚書校釋》（臺北：萬卷樓圖書有限公司，2001年2月），頁210。

⑥顏世鉉，〈郭店楚簡《六德》箋釋〉，見於《中研院史語所集刊》，第72

本第2分，2001年6月，頁478。

⑦其詳參見荊門市博物館編，裘錫圭審訂，《郭店楚墓竹簡》，頁187-188。

⑧《易》〈序卦傳〉，見於魏・王弼、韓康伯注，唐・孔穎達等正義，《周易正義》，收入《十三經注疏》（臺北：藝文印書館，1985年12月），頁187。

⑨《周禮》〈春官：小宗伯〉，見於漢・鄭玄注，唐・賈公彥疏，《周禮注疏》，收入《十三經注疏》（臺北：藝文印書館，1985年12月），頁291。

⑩其詳參見《儀禮》〈喪服・齊衰不杖期〉，頁355-356。

⑪《儀禮》〈士昏禮・記〉，頁63。

⑫《禮記》〈昏義〉，頁1000：昏禮者，禮之本也。

⑬《禮記》〈仲尼燕居〉，頁853。

⑭《尚書》〈虞書・舜典〉，見於舊題漢・孔安國傳，唐・孔穎達等疏，長孫無忌等刊定，《尚書正義》，收入《十三經注疏》（臺北：藝文印書館，1985年12月），頁34。

⑮其詳參同《尚書》〈虞書・皋陶謨〉，頁62。

⑯《尚書》〈虞書・皋陶謨〉，頁55。

⑰《尚書》〈虞書・舜典〉，頁44。

⑱《尚書》〈周書・泰誓下〉，頁156。

⑲《尚書》〈周書・武成〉，頁163。

⑳其詳參見《尚書》〈周書・周官〉，頁270。

㉑其詳參見《尚書》〈周書・君牙〉，頁293。

㉒《左傳》〈桓公六年〉，見於周・左丘明傳，晉・杜預注，唐・孔穎達

疏，《春秋左傳正義》，收入《十三經注疏》（臺北：藝文印書館，1985
年 12 月），頁 110。

㉓《左傳》〈文公十八年〉，頁 353-354。

㉔《孟子》〈滕文公上〉，見於漢・趙岐注，宋・孫奭疏，《孟子注疏》，收
入《十三經注疏》（臺北：藝文印書館，1985 年 12 月），頁 98。

㉕《荀子》〈王制〉，見於清・王先謙，《荀子集解》（臺北：藝文印書館，
1988 年 6 月），頁 324。

㉖其詳參見漢・劉向，《戰國策》〈附錄・劉向書錄〉（臺北：里仁書局，
1990 年 9 月），頁 1195-1196。

㉗《論語》〈微子〉，見於魏・何晏集解，宋・邢昺疏，《論語注疏》，收入
《十三經注疏》（臺北：藝文印書館，1985 年 12 月），頁 166。

㉘《論語》〈顏淵〉，頁 108，記載孔子以「君君、臣臣、父父、子子」回
答齊景公之問政；〈子路〉，頁 115，則以「必也正名乎！」回答子路所
問為衛君為政之道，並以「名不正則言不順，言不順則事不成，事不成
則禮樂不興，禮樂不興則刑罰不中，刑罰不中則民無所錯手足」，說明
「正名」之重要。

㉙其詳參見《禮記》〈哀公問〉，頁 849。

㉚分別見於《禮記》〈曲禮上〉，頁 37；〈內則〉，頁 520。

㉛其詳參見楊寬，《戰國史》（臺北縣：谷風出版社，1986 年 9 月），第
二、三章，頁 22-124。

㉜根據《史記》〈田敬仲完世家〉，見於日・瀧川龜太郎，《史記會注考證》
（臺北：洪氏出版社，1977 年 10 月），頁 733，記載：「（田）莊子卒，
子太公和立。……（齊）宣公卒，子康公貸立。貸立十四年，淫於酒婦
人，不聽政。太公乃遷康公於海上，食一城以奉其先祀。……三年，太

公與魏文侯會濁澤，求為諸侯。魏文侯乃使使言周天子及諸侯，請立齊
相田和為諸侯。周天子許之。康公之十九年，田和立為齊侯，列於周
室，紀元年（386B.C.）。」

㉝六家大夫分掌晉國國政之後，458B.C.時，知氏、趙氏、魏氏、韓氏聯手
消滅范氏、中行氏。453B.C.，趙氏、魏氏、韓氏再度聯手消滅知氏，成
為三家分晉之局面。403B.C.，周威烈王命趙、魏、韓三家大夫為諸侯。
369B.C.，趙、韓遷晉惠公於屯留，晉國絕祀。

㉞其詳參見漢・劉向，《戰國策》〈附錄・劉向書錄〉，頁1196。

㉟漢・劉向，《戰國策》〈附錄・劉向書錄〉，頁1196。

㊱《孟子》〈公孫丑上〉，頁52。

㊲其詳參見《孟子》〈公孫丑上〉，頁65。

㊳其詳參見《孟子》〈梁惠王上〉，頁14。

㊴其詳參見《孟子》〈梁惠王上〉，頁21。

㊵《孟子》〈梁惠王上〉，頁21：今夫天下之人牧，未有不嗜殺人者也。

㊶《孟子》〈梁惠王上〉，頁13。

㊷《孟子》〈滕文公下〉，頁117。

㊸《孟子》〈離婁上〉，頁134。

㊹其詳參見《孟子》〈梁惠王下〉，頁42。

㊺其詳參見《孝經》〈聖治章〉，見於唐玄宗明皇帝御注，宋・邢昺疏，
《孝經注疏》，收入《十三經注疏》（臺北：藝文印書館，1985年12
月），頁38。

㊻《毛詩》〈小雅・谷風之什・蓼莪〉，見於漢・毛亨傳，鄭玄箋，唐・孔
穎達疏，《毛詩正義》，收入《十三經注疏》（臺北：藝文印書館，1985
年12月），頁436：哀哀父母，生我劬勞；……哀哀父母，生我勞瘁；

……無父何怙，無母何恃？出則銜恤，入則靡至。父兮生我，母悉鞠
我，拊我畜我，長我育我，顧我復我，出入腹我。欲報之德，昊天罔
極。

㊼《禮記》〈表記〉，見於漢‧鄭玄注，唐‧孔穎達等正義，《禮記正義》，
收入《十三經注疏》（臺北：藝文印書館，1985 年 12 月），頁 915 。

㊽《論語》〈衛靈公〉，頁 137 ：無為而治者，其舜也與！

㊾《論語》〈泰伯〉，頁 72 ：巍巍乎！舜、禹之有天下也，而不與也！

㊿《孟子》〈告子下〉，頁 211 ，孟子引孔子曰：「舜其至孝矣！五十而
慕。」

51其詳參見《孟子》〈離婁下〉，頁 145 。

52《孟子》〈告子下〉，頁 210 。

53《論語》〈雍也〉，頁 55 。

54其詳參見《論語》〈衛靈公〉，頁 131 。

55《禮記》〈祭義〉，頁 820 ，記載曾子曰：「孝有三：大孝尊親，其次弗
辱，其下能養。」另外，《孟子》〈萬章上〉，頁 164 ，也載有「孝子之
至，莫大乎尊親」之說。

56舜之父瞽瞍與異母弟象迫害舜之事，其詳參見《孟子》〈萬章上〉，頁
160-165 。

57《孟子》〈離婁上〉，頁 125 。

58《論語》〈顏淵〉，頁 107 ：浸潤之譖，膚受之愬不行焉，可謂明也已
矣！

59《孟子》〈告子上〉，頁 200 。

60例如：丙戌卜，受于宗北（《乙‧七六六》）。且甲舊宗（《掇‧三九》）。
且丁劦新宗，王（《佚‧一三三》、《遺珠‧六四五》）。

㊽《毛詩》〈大雅・鳧鷖〉，見於漢・孔安國傳，鄭玄箋，唐・孔穎達等正義，《毛詩正義》，收入《十三經注疏》（臺北：藝文印書館，1985年12月），頁604。

㊾《儀禮》〈士昏禮・記〉，頁64。

㊿《周禮》〈春官・肆師〉，頁297。

㉔例如：庚辰卜，爭貞乎王族人（《錄・五八九》）。□屮子族豕一（《甲・二四三一》）。眾令三族（《後下・二六・一六》）。王其令五族戍□（《粹・一一四九》）。己亥歷貞，三族王其令追召方，及于旺？（《京・四三八七》）。

㉕其詳參見《說文》，見於漢・許慎撰，清・段玉裁注，《說文解字注》（臺北：蘭臺書局，1972年9月），頁315。

㉖《毛詩》〈周南・麟之趾〉，頁45：麟之角，振振公族。毛《傳》：公族，公同祖也。

㉗分別見於《廣雅》，收入《文淵閣四庫全書》（臺北：商務印書館，1984年2月），第221冊，〈釋言〉，卷5，頁445；〈釋詁〉，卷3，頁438。

㉘漢・班固，《白虎通》〈宗族〉，見於清・陳立，《白虎通疏證》，收入《續經解三禮類彙編㈠》，卷8（臺北：藝文印書館，1986年9月），頁521。

㉙丁山，《甲骨文所見氏族及其制度》（臺北：大通書局，1971年月），頁33-34。

㉚《儀禮》〈喪服・傳〉，頁358：「大宗者，尊之統也。大宗者，收族者也。」有關宗子對於「收族」所衍生之功，《禮記》〈大傳〉，頁622記載：「自仁率親，等而上之至於祖；自義率祖，順而下之至於禰，是故

人道親親也。親親故尊祖，尊祖故敬宗，敬宗故收族，收族故宗廟嚴，宗廟嚴故重社稷，重社稷故愛百姓，愛百姓故刑罰中，刑罰中故庶民安，庶民安故財用足，財用足故百志成，百志成故禮俗刑，禮俗刑然後樂」。

⑦《郭店楚墓竹簡》，頁188。

⑫所謂「九族」之說法，向來即有不同的意見，其中，古文家主張以「上自高祖，下至玄孫」九世代的本宗親屬為「九族」；今文家則主張「九族」不專指同姓之親屬，而應該包括異姓親屬在內，亦即合父族四、母族三、妻族二之宗族結構。其詳參見拙著，《喪服制度的文化意義》（臺北：文津出版社，2000年10月），頁233-237。

⑬《禮記》〈喪服小記〉，頁591。

⑭《禮記》〈大傳〉，頁619。

⑮《尚書》〈堯典〉，頁20。

⑯《尚書》〈仲虺之誥〉，頁112。

⑰其詳參見《左傳》〈定公四年〉，頁947-949。

⑱其詳參見《毛詩》〈周頌‧載芟〉，頁746-748。

⑲其詳參見拙著，《喪服制度的文化意義》，頁115.132-137.276-285。

⑳其詳參見王國維，《殷周制度論》，見於《王觀堂先生全集》（臺北：文華出版公司，1968年3月），頁435。

㉑《孟子》〈離婁上〉，頁123。

㉒《孟子》〈離婁上〉，頁125。

㉓其詳參見《孟子》〈告子下〉，頁220。

㉔《孟子》〈告子下〉，頁218，孟子認為：「五霸者，三王之罪人也。今之諸侯，五霸之罪人也。今之大夫，今之諸侯之罪人也。」又認為當時

之大夫皆屬逢君之惡一輩之人物，因此說「今之大夫，今之諸侯之罪人也」。

㊺《孟子》〈告子下〉，頁223。

㊻《孟子》〈離婁上〉，頁124。

㊼其詳參見《孟子》〈離婁上〉，頁136。

㊽其詳參見宋‧劉恕編集，《資治通鑑外紀》，收入《四部叢刊正編》第10冊（臺北：商務印書館，1979年11月），卷1，頁6。

㊾《禮記》〈郊特牲〉，頁506。

㊿《禮記》〈曲禮上〉，頁37。

⑼《禮記》〈昏義〉，頁1000。

⑽《禮記》〈中庸〉，頁882。

⑾其詳參見《論語》〈顏淵〉，頁106。

⑿《說文解字注》，頁150記載：「朋，古文鳳，象形。鳳飛，群鳥從以萬數，故以爲『朋黨』字。」由此可見「朋」有「同道」之義。另外，頁117記載：「同志爲友，從二又相交」。

⒀《說文解字注》，頁376。

⒁同上注，頁225。

⒂同上注，頁15。

（第四章）

「六位」與其職德的
人倫關係轉折

　　現存之文獻資料中，「六位」一詞而關乎人倫者，僅有《莊子》〈盜跖〉之「五紀六位」，①然而就其書前後文所載，亦無法明確其所指之對象與意義。至於代表孔子思想最重要之《論語》，亦無類似「五紀」或「六位」之記載，僅於〈微子〉出現「欲絜其身而亂大倫」與「言中倫、行中慮」直接指涉「倫」之記載。②這種「六位」而有關人倫之描述，在郭店簡出現後大為改觀。

　　郭店簡之〈六德〉，不但提出人類社會中最重要的人倫關係在於夫、婦、父、子、君、臣「六位」之間的彼此對待，又指出這六種不同的人際地位與角色各有其不同而應盡的職責，且必須各自擁有不同的道德要求。由於郭店一號楚墓的年代不晚於西元前300年之結論，已獲得考古學界的認同，竹簡中〈六德〉屬於儒家著述，各界也無異議，因此從其中「六位」、「六職」與「六德」之記載，再對照包含《禮記》在內之先秦相關典籍，③即可以勾勒出先秦以前儒家倫理思想之大觀。同時又由於職分與德性都必須依附於各種不同身分的行為主體始有意義可言，因而

以下先論述「六位」在人倫關係中之地位;其次,則論述從「六位」到「六職」、「六德」的發展,乃是體現古來要求人人就其身分地位而各盡其職以成其德的歷史傳統;再其次,則從「六位」所衍伸之職德關係,說明處於各種身分地位之人所應盡之倫理責任。希望透過這種以「六位」為主的人倫架構,與其所延伸的「六職」內容與「六德」要求,可以明瞭早期儒家在此三者之間,具有一套義理貫通暢達的實踐倫理系統。④

第一節 「六位」在人倫中之地位

〈六德〉載有「生民斯必有夫婦、父子、君臣」⑤之說法,其中「夫婦」、「父子」與「君臣」實為兩兩相對的三組人倫關係,從「斯必」之用法,即顯而可見每一生民存在於人世間,必然置身號稱為「夫、婦、父、子、君、臣」六種不同的身分地位之間。因為男女在長大成年後,即經由結合而形成「夫婦」之相對關係;結成夫婦,則有繁衍後代、延續人種之天職,於是繼而又有「父子(母女)」之血親關係;若將此第一層次的家族人倫關係向外擴充,則為擴大性社會組織團體,且有君臣上下之分。《易》之所謂「有天地,然後有萬物;有萬物,然後有男女;有男女,然後有夫婦;有夫婦,然後有父子;有父子,然後有君臣;有君臣,然後有上下。」⑥,即已清楚地說明人倫關係之次第發展,乃以男女夫婦開其端,而後再有父子(母女)之關係,推而向外,則有君臣的不同角色扮演。凡此層層演化,均為人類社會不斷擴大下的自然發展。若將此人倫關係對照「黃帝作為君

臣上下之儀，父子兄弟之禮，夫婦妃匹之合。」⑦之記載，則可知人世間必須講求人倫關係之處理其實是由來已久的。從商鞅（？-338B.C.）甚且在「六位」之人倫關係之外，再提出「兄弟」這一倫，可見「兄弟」這一倫在人倫關係之重要性，然而因為未必人人皆有兄弟，所以又可以相對說明「六位」之人倫脈絡的重要。

　　莊子（369-286B.C.）雖然極不願意受到禮義的束縛，但是他亦不得不承認「天下有大戒二：其一，命也；其一，義也。子之愛親，命也，不可解於心；臣之事君，義也，無適而非君也，無所逃於天地之間。是之謂大戒。」⑧既然子女與父母之關係乃是天之所命而不可解，若再行追溯其本源，則又當肇始於男女之結合為夫婦，至於人臣之事君，又出自天地之大義而不可違拗，因而可知夫婦、父子、君臣此三組六位的人倫關係，無論個人之意願如何，它乃是個體生命生存於世所無法逃脫的最重要人際關係。基於此無奈之事實，因此莊子於〈盜跖〉該篇，乃假借子張之口而說：「子不為行，即將疏戚無倫，貴賤無義，長幼無序；五紀六位，將何以為別乎？」說明人倫關係之無所逃脫於世。

　　此「六位」之所以以「夫婦」為首，乃清楚表達「夫婦」之道其本居於人倫之始，因為當一個人面對神妙難測的至道，即使是聖人亦有不知不足之處，至於一般人倫日用之君子常道，則無論智愚賢不肖，經由人類多年的生活經驗與事實教訓，每一夫婦均可與而知之，倘若能即知即行，尚且可以推而察於天地間普遍之常理，此即〈中庸〉所謂「君子之道費而隱。夫婦之愚，可以與知焉，及其至也，雖聖人亦有所不知焉；夫婦之不肖，可以能

行焉，及其至也，雖聖人亦有所不能焉。」、「君子之道，造端乎夫婦；及其至也，察乎天地。」⑨之說。復以古代之生活乃以祀與戎為國家之大事，⑩而且凡是舉行祭祀之禮，則必須由夫婦親之，⑪俾使夫婦陰陽和合之一團和氣能上達天聽，由此亦可見夫婦之道能否和睦順當，在人倫關係上極其重要，故而以「夫婦」為「六位」之首。

其次，從〈哀公問〉之記載，則可發現孔子以「人道，政為大」，回答哀公「人道誰為大？」之問，然後又以「政者正也。君為正，則百姓從政矣。」、「夫婦別，父子親，君臣嚴。三者正，則庶物從之矣。」說明為政者務必講求夫婦、父子、君臣之定位以得人道之正，然後庶物可從而得其正理。繼此之後，再進一步申述何以遂行人道、政道之策略首先在於「夫婦別」的道理，且說明何以必須特別注重大婚之禮的緣由，⑫因為昏禮其實具備「男女有別」與「夫婦有義」之兩大內涵，而此兩大內涵又正是鞏固家族倫理、維繫社會安定的重要墊腳石。

相應於孔子對哀公之問，則有〈昏義〉「敬慎重正而后親之，禮之大體，而所以成男女之別，而立夫婦之義也。男女有別，而后夫婦有義；夫婦有義，而后父子有親；父子有親，而后君臣有正。故曰：昏禮者，禮之本也」⑬之記載，另外，〈郊特牲〉亦有「男女有別，然後父子親；父子親，然後義生；義生，然後禮作；禮作，然後萬物安。無別無義，禽獸之道也。」⑭的類似說法，因而由此可以推知：夫婦者，實乃人倫之大本，必待男女有別，使不相褻瀆，然後彼此之名分始可確定；名分已定，則彼此各有繫屬而不易想入非非，不起輕佻淫亂之心，且能各安

其家室而不輕啟家庭糾紛;夫妻各安其家室後,從此同甘共苦,為發展家道而各盡心力,以成夫婦之義。倘若夫婦有義且能各盡其職分,則家族之氣氛自然融洽,生活於此祥和環境下之個人,自然容易養成中正平和之心性,親子關係也容易和諧,於是可以有父子之親,再其後,如此中正平和之人進入更廣大的社會政治團體,則容易得君臣之正。亦即在安詳和樂之環境中成長之人,懂得以誠正之心修飭自己,也習於以誠正之心與寬和之態度待人;且由於自身之修飭與寬以待人,而易於齊其家;一旦家齊,才庶幾乎可以國治而天下平。於此,「六位」於人倫中地位之重要與本末先後之關係又可見一斑。

將文獻資料與簡文相互對照,則清楚可見〈六德〉在記載「男女卡生言,⑮父子新(親)生言,君臣宜(義)生言。」之後,還要進而申說「男女不卡,父子不新(親);父子不新(親),君臣無宜(義)。」的利害關係,而後可以得到「是故先王之教民也,始於孝弟。」的結論。因為一切人倫義理的養成,均來自家族成員在群居共處中相互陶融與擴充,而孝親、敬親與友愛兄弟又為人倫之本,倘若能下修其本,則可以本立而道生,奠立穩定而健全的人格基礎。同時由於道之已生,因此中心可定,於是可以明辨是非善惡而斷絕讒言,縱使有浸潤之譖與膚受之愬,亦不得而行,所以可以達到訟獄不興之狀態,因此先王之教民,必從講求孝弟開始。

經由上述之論說,於是可以得出「生民斯必有夫婦、父子、君臣。君子明乎此六者,然後可以斷讒。」之結論,且因而可以順推「六位」若能定,則社會可定、民心可安。⑯除此之外,

〈成之聞之〉也提出「天降大常，以理人倫。制為君臣之義，作
為父子之親，分為夫婦之辨。」之說法，說明君臣、父子、夫婦
彼此之對待關係乃人倫之大者，因而君子必須「慎六位以祀天常」
⑰，而此處之所以由原先的「夫婦」為首，一變而為以「君臣」
為首，乃是由原來的自然人倫層次，轉變為在上者施行人倫教化
時必須採取「以理人倫」之立場而言，亦即藉此提醒世之君子必
須審慎處理人倫關係，倘若居於上位，則務必透過教化之力量，
促使「六位」各得其定位，如此方能使人倫關係上合於天道之常
理，而使德之馨香能上聞於天。

第二節　從「六位」到「六職」、「六德」以體現盡職成德之歷史傳統

萬丈高樓，須從平地而起；且所起者有賴於人。因此孔子就
曾經說：「譬如為山，未成一簣；止，吾止也。譬如平地，雖覆
一簣；進，吾往也。」⑱至於荀子則進而申述：「積土成山，風
雨興焉；積水成淵，蛟龍生焉；積善成德，而神明自得，聖心備
焉。故不積蹞步，無以至千里；不積小流，無以成江海；騏驥一
躍，不能十步；駑馬十駕，功在不舍。鍥而舍之，朽木不折；鍥
而不舍，金石可鏤。」⑲凡此所謂「止」與「進」，「積」與
「不積」之差別，皆取決於行為之主體——人——能否各盡其應
盡之職而定。倘若人人能各盡其職，則德業可成而事功可致；倘
若世人而怠忽職守，即將淪於德業銷毀而一事無成之局面；因而
自古以來，講求德業事功之圓滿與顯揚，一直是傳統文化的核心

所在,所謂「太上有立德,其次有立功,其次有立言。」⑳者,
即簡要說明此一歷史傳統。所謂「立德」者,乃指稱如文武周公
孔子等,創制垂法而博施濟眾,使聖德能立於上代,而惠澤足以
流於後世者;所謂「立功」者,乃指稱能為民消災解難而功濟於
時者,如〈祭法〉所載凡是能以法施於民、以死勤事、以勞定
國、抵禦大災、捍除大患者皆屬之;㉑至於所謂「立言」者,乃
指稱所言可以得其要、其理足以傳後世、其文得以流傳後代而不
朽者,如經典、史傳、子書、選集之撰作者,皆可以其名流於後
世而傳其芳。

　　倘若再行深入檢驗此注重德業事功之歷史傳統,雖然有冊有
典之時代始自殷商時期,不過,夏代自從啟繼承禹之後而有夏,
即成為中國第一個家天下的王朝;因而以下即採取夏代開國君主
大禹之事蹟為例,從目前不同的傳世文獻對於大禹事蹟之諸多記
載,說明歷史傳統向來有注重德業事功的現象。

　　《毛詩》載有「洪水芒芒,禹敷下土方,外大國是疆。」㉒
之說,述說大禹治平洪水、分疆劃土、制定地理區之事實。至於
《尚書》,更在〈舜典〉、〈禹貢〉、〈呂刑〉等不同篇章之中記錄
有關大禹治平水土之功績,㉓另外,〈大禹謨〉尚有有關於大禹
政治措施之詳細紀錄,以「德惟善政,政在養民」為人君施政時
最重要的指導方針,且藉此以實踐上天所賦予人君生民、養民之
神聖使命,同時,當其具體落實於政治活動,則必須透過對於
「水、火、金、木、土、穀」六府之事的修治整飭,以成就養民
之本,並且還要以「正德、利用、厚生」三事之達成,作為施政
之主體工作。亦即為人君者必須先正其德,又能以寬和之態度統

率在下者，同時還必須懂得善加利用各項可轉化之資源，以豐厚百姓之生活條件，始可以成就此「六府三事」之「九功」，而建立「善政」，然後終能傳諸萬世。㉔

倘若再行追溯各項措施必須執行至何種程度方可達到所謂「功」之標準，則參照《周禮》將「功」區分爲「王功曰勳，國功曰功，民功曰庸，事功曰勞，治功曰力，戰功曰多。」㉕六類，可知渾言之可以以「功」爲共名，實際上，則詳而區分爲六，不但各有殊名，而且按類區等。當時之作法，凡是具有上述各項功績者，當其在世時，則將其人物事蹟書之於王旌，俾使人人得以見而識其人與功；當其歿後，則藉由爲先王進行大烝祭禮時，一併祭祀對此邦國有功之人，而賴此定期祭典，俾使後世子孫可以念念不忘其功德。

《詩》、《書》之外，《禮記》則有「禹能修鯀之功」㉖，說明禹以疏導代替防堵而治水成功之事實，同時還有「禹立三年，百姓以仁遂焉。」㉗之載，說明禹以仁道教化百姓，致使百姓有感而紛紛仿效以行仁。至於《左傳》，記載吳之季札見舞〈大夏〉者，則曰：「美哉！勤而不德，非禹，其誰能脩之？」㉘此又可以說明禹鞠躬盡瘁勤於治水之德，實爲人人皆知之偉大事實。

上述經典之外，《論》、《孟》之中尚有精采之說。孔子於《論語》中非僅極力推崇大禹不注重一己之享受，且特別說明禹專注於朝政之推動以及祭祀鬼神之國家大事，同時還大大稱道大禹「卑宮室而盡力乎溝洫」之行爲，說明其辛勤治水、有功於天下，且能公而忘私之偉大功績。㉙另外，《論語》中還載有南宮适（生卒年不可考）稱許「禹、稷躬稼而有天下」，而孔子因而

讚嘆南宮适為尚德之君子一說。㉚至於孟子，則大大稱揚大禹八年在外，三過其門而不入的專心盡職之精神，另外，更認為大禹「疏九河，瀹濟、漯而注諸海，決汝、漢，排淮、泗而注之江」的實際事蹟厥功甚偉，且因而使中國可賴以得耕食。㉛除此之外，〈離婁〉則有「禹惡旨酒而好善言」之紀錄，說明大禹不務個人享受而喜好善言之德行，同篇還載有「禹、稷當平世，三過其門而不入；孔子賢之。……禹、稷、顏回同道。禹思天下有溺者，由己溺之也；稷思天下有飢者，由己飢之也。」㉜之說，說明禹具有「人溺己溺、人飢己飢」悲天憫人的君主情懷。

　　經由上述文獻對於中國第一王朝開國君主德業事功之記載，已經可以展現我歷史文化之傳統，極為注重不同身分地位之人應該各盡其職以各成其德之特色。在此歷史傳統之下，由人際關係所歸結出最重要的三組「六位」人倫組合，亦應朝向人人當各本其位以盡其職的路線而努力，且以人人各盡其職之後，則能各自成就其德的人倫大道而發展。

第三節　「六位」與其相關職德所呈現之倫理意義

　　郭店楚簡在第七簡末的「六位也」之後，緊接著即記載「有率人者，有從人者；有使人者，有事人者；有教者，有學者；此六職也。既有夫六位也，以任此六職也。六職既分，以卒六德。」㉝顯而易見的，此說明「夫婦、君臣、父子」三組六種身分地位不同的行為主體，各自擁有彼此不同卻又應該克盡的職

分內容，同時也因其各自行使不同的職分，而終能成就不同之德性。因此，以下即經由三組相對主體之各盡其分，而說明其彼此相對圓滿之倫理關係，茲述之如下：

一、從夫婦各盡職德以成其倫理

從《說文》「男，丈夫也，從田力，言男子力於田也」、「女，婦人也，象形，王育說；凡女之屬皆從女。」、「夫，丈夫也，從大一，一以象充。」、「婦，服也，從女持帚，灑埽也。」之記載，㉞可知許慎（30-124）雖然以「丈夫也」、「婦人也」為男與女之解釋，但是揆其用意，乃謂男子日後可以成丈夫，女子則可以為婦人之意，而非意謂男者即丈夫、女者即婦人之意，男女與夫婦之關係乃是相關而非等同之對待關係。此意正與段玉裁（1735-1815）於「女」字下《注》之所謂「渾言之，女亦婦人；析而言之，適人乃言婦人也。」相互表裡，亦即凡言「男女」，則強調人在生理上具有自然屬性的差異，而若言「夫婦」，則著重其已成年，在家族社會中具有一定程度之責任與義務。此所謂「女」與「婦」有別，從《左傳》的「君子」評論宋伯姬卒於大火，乃是「女而不婦」，㉟即可獲得佐證。倘若從「君子」所據以評論伯姬「不婦」之理由為「女待人，婦義事」而言，可見「婦道」重在「宜事」為義，不可事事倚待他人。由此亦可以推而得知若要討論夫婦之職德，亦必須將此二者放在家族社會的整體脈絡中，方能討論其彼此應盡的責任與義務。

郭店簡中，夫之德為「智」，其職為「率人」；婦之德為「信」，其職為「從人」。其具體表現，則在於所謂「夫」者，乃

是「知可為者，知不可為者；知行者，知不行者。」，因此能
「以智率人」；至於「婦」，則一旦與夫舉案齊眉，則「終身弗改
之」，即使夫死，然而由於「主」之猶存，同時婦在家族中仍然
擁有其應有的身分地位，且與夫家家族之親屬關係又依然存在，
因此婦德就在於其能信守對於丈夫家族之承諾，能從一而終，終
身不變。㊱相應於此，則有〈郊特牲〉就昏禮的禮儀說明夫婦所
應負的職責與德性：

> 幣必誠，辭無不腆，告之以直信。信，事人也；信，婦德
> 也。壹與之齊，終身不改，故夫死不嫁。……出乎大門而
> 先，男帥女，女從男，夫婦之義由此始也。婦人，從人者
> 也，幼從父兄，嫁從夫，夫死從子。夫也者，以知帥人者
> 也。㊲

從贈送束帛、儷皮要求必誠必信，務必使之可裁製成衣物而不虛
濫，㊳旨在告訴新婦持家之道當以誠信為要，不可浮誇虛濫。至
於男帥女、女從男，則合乎陰陽動靜之原理，由於陽動而陰靜，
所以夫唱而婦隨。同時，為求陽動而能合於理、夫唱而能合於
義，則為人夫者必須擁有「知」之德，能擁有此德，方可保證其
所帥乃合乎義理，而非盲動躁進。又由於「天無二日，土無二
王，國無二君，家無二尊」㊴，且家長對外又代表整個家族，因
此婦人所謂「三從」之道，乃是從於一家之長之義。

　　若欲追溯婦人何以「三從」之理，則必須深入理解古代對於
男女有別之觀念，亦即古人對於孩童之教養，不但從學習說話開

始，就有男「唯」、女「俞」之分別，更自十歲以後，還有一整
套設計不同的教育內容與生涯規畫：

> （男子）十年，出就外傅，居宿於外，學書記，衣不帛襦
> 褲，禮帥初，朝夕學幼儀，請肄簡諒。十有三年，學樂、
> 誦詩、舞〈勺〉。成童，舞〈象〉，學射御。二十而冠，始
> 學禮，可以衣裘帛，舞〈大夏〉，惇行孝弟，博學不教，
> 內而不出。三十而有室，始理男事，博學無方，孫友視
> 志。四十始仕，方物出謀發慮，道合則服從，不可則去。
> 五十命爲大夫，服官政。七十致仕。
> 女子十年不出，姆教婉娩聽從，執麻枲，治絲繭，織紝組
> 紃，學女事，以共衣服。觀於祭祀，納酒漿籩豆菹醢，禮
> 相助奠。十有五年而笄，二十而嫁，有故，二十三年而
> 嫁。聘則爲妻，奔則爲妾。⑩

透過這一套長期生活教養與能力培訓規畫，可以發現男子自從十
歲開始，就必須出外接受嚴格的生活訓練，培養獨立生活的能
力，不但要勤學禮儀努力實踐做人的道理，還要兼習文學武事等
各項才能，從事廣博的學習而不侷限於一隅，與朋友和睦相處且
能仔細觀察彼此志向之差異，從「三人行，必有我師焉！」⑪取
法他人之長，而建立男子頂天立地之弘遠志向。經過此一連串的
養成教育，若能通過考驗，則自然具備「率人」之能力，且擁有
深謀遠慮的「智」德，能夠成爲「一家之主」，扶助引領婦人實
踐義理。

　　反觀古代對於女子的教育，從剛開始學習說話的男「唯」女「俞」之差異教導，一方面足以顯見古人對於男女生理特性之認知已經達到相當的程度，一方面可以察覺古人對於男子應該具有剛健正直之氣魄、女子應該具備婉約柔順之特質，懷有強烈的期待。由於配合男子主於外、女子務於內的分工，因此女子十歲以後並不出外求學，而是養在深閨，一方面培養溫婉柔順的習性，一方面學習女紅織造、祭祀禮儀之事，從事賢內助之養成工作。經過此長時期的調教，因而能養成女子誠信任職的習慣與能力，且能安於順從男子的引導與扶持。

　　深入理解古代男子與女子的養成教育後，從《大戴禮記》以下的記載，更可以進一步佐證丈夫與婦人所任職務的不同、所擁有德性之差異：

> 男者任也，子者孳也。男子者，言任天地之道，如長萬物之義也，故謂之丈夫。丈者長也，夫者扶也，言長萬物也。知可為者，知不可為者；知可言者，知不可言者；知可行者，知不可行者。是故審倫而明其別，謂之知。所以正夫德者。
> 女者如也，子者孳也。女子者，言如男子之教，而長其義理者也。故謂之婦人。婦人，伏於人也。是故無專制之義，有三從之道，在家從父，適人從夫，夫死從子，無所敢自遂也。教令不出閨門，事在饋食之閒而已矣。是故女及日乎閨門之內，不百里而奔喪。事無獨為，行無獨成之道，參知而後動，可驗而後言，宵夜行燭，宮事必量，六

畜藩於宮中，謂之信也。所以正婦德也。⑫

上述記載中，當以「是故審倫而明其別，謂之知。所以正夫德者。」與「是故無專制之義，有三從之道」、「事無獨爲，行無獨成之道，參知而後動，可驗而後言，謂之信也。所以正婦德也。」對於丈夫與婦人職責與德性的相對論述最爲重要。亦即所謂「丈夫」者，必須滿足「審倫而明其別」之必備條件，然後「夫德」可得之以正，苟不如此，則爲「名不正，言不順」，當然亦無「率人」之本事與權力。至於婦人，則由於有知倫理、明分別之丈夫的引導，又有家長規畫安排大事之進行，因此亦無專制事理、強自出頭的必要，僅依照「參知而後動，可驗而後言」的原則行事，即可達到宮事料理妥當、六畜繁殖興旺的局面，亦即達到「內和理而家可久」的家道興盛狀態。⑬可見此之所謂婦人而「從人」，乃是「伏服」於正理、義理，且誠信於事之義，並非受到不合理之壓制，若能如此，則爲得婦德之正。尤其從夫德與婦德之正的內涵來看，其根本關鍵又在於夫德之能否得正；因此相對可見古代對於男子期盼之深遠、要求之殷切。由於要求凡爲丈夫者必須承擔較重之責任與壓力，因而男子自十歲起，即必須外出接受嚴格的訓練；而相對於體型較纖細柔弱的女子，站在世人多有好逸惡勞的人性弱點而言，則有相對體恤、保護的一面，使之不必拋頭露面，而承擔較輕巧的工作。⑭

二、從父子各盡職德以成其倫理

父與子之間具有「生」與「所從生」不可斷絕之血緣關係，

因此在六位三組的人倫關係中，彼此關係之密切又居於三者之冠。父之生子，不但具有生養之責，而且還有教育引導下一代之責任。

《說文》所載「父，巨也，家長率教者，從又舉杖」⑤者，即用以表示所謂為人父者，乃一家之長，具有舉杖教子以規矩之責任，亦即人子之行為是否規矩、德性能否養成、處世之能力與態度如何，其所受的家庭教育最是關鍵所在，因此為人父者之職責即在於以「聖」之德以敦子，俾使人子能聽從教導而入於正道。至於為人子者，則自當虛心受教，涵養薰習美好的德性以侍奉長上，同時還必須以此敦厚平和之處世態度擴而充之，以和睦鄉黨鄰里的廣大社區；如此合於仁與義之行為，方為人子應盡之孝道。由此可見人子之職，即在於不斷地接收父母之教誨，且以行仁為其德性。此即〈六德〉所清楚記載的：「既生畜之，或從而教誨之，謂之聖。聖也者，父德也。子也者，會埠長材以事上，謂之義，上共下之義，以睦里社，謂之孝，故人則為□□□□仁。仁者，子德也」。⑥

驗諸其他文獻，則有《詩》之「哀哀父母，生我劬勞。……哀哀父母，生我勞瘁。……無父何怙？無母何恃？出則銜恤，入則靡至。父兮生我，母兮鞠我；拊我畜我，長我育我，顧我復我，出入腹我，欲報之德，昊天罔極。」⑦之記載，父母恩德昊天罔極，實可與竹簡所記「父德為聖」相互呼應。其次，從《國語》記載士、工、商、農之子恆為士、工、商、農的紀錄，可見家庭環境對於個人成長之影響，亦即人子由於「少而習焉」，因此「其心安焉」，且能不見異物而遷。緣於這種耳濡目染、日積

月累的浸潤與栽培，所以在職能方面自然能產生父業子繼、子承
父業，代代相傳的現象。至於德性的養成，尤其必須在生活日用
與「上行下效」之間逐漸孕育成形，於是在「父教子學」、「子
承父教」的情況下，自然可以產生「其父兄之教不肅而成，其子
弟之學不勞而能。」的結果。⑱另外，從《管子》「為人父母者
慈惠以教，為人子者孝悌以肅。」、「為人父而不明父子之義，
以教其子而整齊之，則子不知為人子之道以事其父矣。」⑲的記
載，亦可以佐證為人父者必須教子以父子應盡之義，而後為人子
者方能學而得知何者為事父之道。

　　至於《大戴禮記》所載周初為養成具有優良習性之太子，為
太子設有三公三少之職，俾使太子能自孩提之時起，即由於四周
奸邪之人已被驅逐，因此太子能眼不見惡行、耳不聽惡言，所以
不受外界污染，而利於接受引導以實踐孝仁禮義之事。正因為人
類具有「少成若天性，習慣之為常。」的特性，所以如何妥當培
養積好習成好性的慣常行為，對於個人處世態度與方法等實極為
重要。況且習之為常，又自氣血始，因此若要進行潛移默化之
教，更必須把握年少可塑性極強之時期，一旦沾染惡習，則日後
雖然再投注數倍之精神與心力，卻往往無法革除陋習而竟其全
功，可見人格的養成，「慎其始」尤為重要。及至太子既冠成
人，雖然可以免於保傅之嚴格督導，不過此時又為太子設有司過
之史、虧膳之宰，隨時提醒太子必須行使正道，以使太子能「化
與心成，中道若性」，凡有所行動皆能中於正道，且能行之自然
而順於心。⑳此亦即聖君賢王認為為人父者應當發揮聖德教化之
精神，並藉此引導為人子者力行仁德以中於正道的道理。

三、從君臣各盡職德以成其倫理

　　古代由於封建宗法制度的關係，君與臣之間的關係歷經君父合一、君父相擬（具有親族關係）以及君臣純粹以義合（不具有任何親族關係）的不同階段變化。⑤然而不論君臣的關係屬於哪一種類型，為人君者，都必須善盡上承天命以生民、養民、教民、化民的責任，此即《尚書》所載君師應負起「天佑下民，作之君，作之師，惟其克相上帝，寵綏四方。」⑫之職責。不過，為人君者為求實踐上天所賦之使命，還必須任用眾多臣下以執行君命。因此從《說文》「君，尊也，從尹口，口以發號。」、「臣，牽也。事君者，象屈服之形。」⑬的字形結構記載，即可發現君與臣在實踐天賦使命的任務上，彼此扮演著不同的角色地位。而簡文〈六德〉「父兄任者，子弟大才藝者大官，小才藝者小官。因而施祿焉，使知足以生、足以死，謂之君，以義使人多。義者，君德也。非我血氣之親，畜我如其子弟，故曰：苟淒夫人之善也，勞其臟腑之力弗敢憚也，危其死弗敢愛也，謂之臣，以忠事人多。忠者，臣德也。」⑭的記載，即相應說明人君因臣下才能之大小而分別任用之，且施予百官應得的俸祿，使之養生送死無虞，如此方能成就君德之義。至於為人臣者，由於人君對於與其本無任何血緣關係之人，卻能待之如同子弟般提攜照顧，故而自然興起感戴人君恩德之心意，懂得竭盡心力效忠人君，即使危及性命亦不敢吝惜，苟能如此，方能成就人臣忠貞任事之德。

　　驗諸文獻，首先來看與郭店簡抄錄年代相近的文獻資料：有

關君待臣以義之描述，韓非（？-233B.C.）雖然其生存年代稍晚
於郭店楚墓下葬之年代，然而由於其深受荀子影響，因而從《韓
非子》在「諂諛之臣，唯聖王知之；而亂主近之，故至身死國
亡。」之後，緊接著說「聖王明君則不然，內舉不避親，外舉不
避讎。是在焉，從而舉之；非在焉，從而罰之。」之一段記載，
⑮可以視爲補充說明郭店簡中君使臣之義，端視臣下之才德如
何、事情之是非何在，而決定對於所屬臣下採取或爲興舉或爲罷
黜之行動。倘若君對臣凡所舉動皆能如此慎重，則所屬之臣下皆
能信服；倘若爲人君者竟是「親臣進而故人退，不肖用事而賢良
伏，無功貴而勞苦賤」，則臣下怨懟，而國家可亡。⑯其次，有
關人君任命臣下之道，則《禮記》有「凡官民材，必先論之，論
辯然後使之，任事然後爵之，位定然後祿之。」、「司馬辯論官
材，論進士之賢者以告於王而定其論，論定然後官之，任官然後
爵之，位定然後祿之。」⑰之紀錄，說明人君應該擁有稱職的屬
臣，以利於政策之實際推動，善用屬臣之才能而展現其政治理
想。至於《荀子》，亦有「外不避仇，內不阿親，賢者予」、「論
德而定次，量能而授官，皆使其人載其事而各得其所宜。上賢使
之爲三公，次賢使之爲諸侯，下賢使之爲士大夫，是所以顯設之
也。」以及「德以敘位，能以授官。」⑱之紀錄；說明人君可以
使臣下各盡其才，大大施展其個人之獨特才華，因而君臣之間可
謂具有相輔相成的微妙關係，所以荀子乃概略指出：「以禮分
施，均遍而不偏」爲爲人君之道，而「以禮待君，忠順而不懈」
則爲爲人臣者應盡之道。⑲

　　由於人君擁有眾多賢能屬臣最重要而迫切之目的，就在於實

踐人君生養教化百姓之義，此從《論語》所載孔子對於「如有博
施於民而能濟眾」的看法可以得到說明。孔子認為為政者若能達
到「博施濟眾」之狀況，則已經不僅止於「仁」的層次，這種狀
況其實已經達到「必也聖乎」之境界。[60]同時，從孔子上述所
論，亦可以清楚得知為政之指標，當在於推廣仁愛之心而嘉惠萬
民；捨此，則非人君應有之職德。因此《淮南子》有「堯立孝慈
仁愛，使民如子弟。」[61]之說，皆可說明為人君者乃以使人為
職，且以所行使者必合乎義道為德。

倘若人君能對臣民成就大義，則人臣自當回報之以忠，此即
《管子》所載「主者，人之所仰而生也，能寬裕純厚而不苛忮，
則民人附。」之道理，倘若為人君而能如此，則「臣下者，主之
所用也，能盡力事上，則當於主。」臣下之事君還非僅如此，倘
若時勢所需，則「正諫死節」尚且還是臣下應該遵循之事君法
則。[62]而荀子更認為所謂諫爭輔拂之人，乃是社稷之臣、國君之
寶，為明君所尊厚，闇主惑君卻視為「己賊」，因此正義之臣
設，則朝廷不頗；諫爭輔拂之人信，則君過不遠。[63]將君臣之間
相互珍重、相互依存的道理，說得更直接而明白的，當如《淮南
子》「臣不得其所欲於君者，君亦不能得其所求於臣也。君臣之
施者，相報之勢也。是故臣盡力死節以與君，君計功垂爵以與
臣。是故君不能賞無功之臣，臣亦不能死無德之君。」[64]所載，
說明君臣之間的倫理，乃是彼此各盡其職分的相互對待、相輔相
成之關係，而非臣必須絕對服從於君的絕對關係。

至於漢之劉向（77 或79-6 B.C.），採取傳記百家所載之行事
有足以為法戒者以成《說苑》，因此《說苑》之中亦多屬漢代以

前之資料。其中「賢臣之事君也，受官之日，以主爲父，以國爲
家，以士人爲兄弟。故苟有可以安國家、利民人者，不避其難，
不憚其勞，以成其義。故其君亦有助之，以遂其德。夫君臣之與
百姓，轉相爲本，如循環無端。夫子亦云：『人之行莫大於孝。』
孝行成於內，而嘉號布於外，是謂建之於本，而榮華自茂矣。君
以臣爲本，臣以君爲本；父以子爲本，子以父爲本；棄其本，榮
華槁矣。」[65]之記載，即可視之爲對於〈六德〉中君臣、父子關
係擴張性的補充闡述。尤其藉由「人之行莫大於孝」的基本人
倫，將其長期在家族中所內化成人類最可尊可貴的「孝」之美
德，推而行諸於外，則由於其已經具有一切德性之本的孝德，因
而其德性之光輝，猶如根深柢固的老樹所開展出的茂密枝葉，足
以庇蔭後代子孫。另外，「君以臣爲本，臣以君爲本；父以子爲
本，子以父爲本；棄其本，榮華槁矣。」的一段說明，更清楚地
述說君臣與父子之間彼此的關係具有脣齒相依、相互爲本、循環
無端的緊密關聯，二者之間不是單向性的絕對倫理；君臣之間，
倘若無法各盡其職，即無其本，若無其本，則將淪於《孟子》所
載「君之視臣如犬馬，則臣視君如國人；君之視臣如土芥，則臣
視君如寇讎。」[66]之局面，君主與臣民之關係非僅無法和諧，彼
此甚且還經常處於敵對的「不倫」狀態。

第四節　建立合理的人倫紀綱

綜合以上所述，可知郭店簡中的「夫婦、父子、君臣」的
「六位」排序，乃是按照人倫自然形成之先後依序排列而成，其

最重要的基礎，乃在於人與人之間本然所具的血緣與親情，然後
再推而至於君臣之間的恩義人情，同時，每一組人倫中兩兩相對
的主體，均有其應盡的職分與德性，彼此具有密不可分、相互連
鎖的一體關係，而非婦、子、臣絕對聽令於夫、父、君的一面倒
現象。從「位」與「職」、「德」的相互關係，可見「夫婦、父
子、君臣」等「六位」的人倫關係是否順當，其根本關鍵在於各
人之職德能否已盡；務必使人人各盡其分，事事「反求諸己」，
而後人倫可以大定。由於要求「六位」之主體必須各盡其分，因
此透過君子之推行教化，當更能廣收其實效。至於君子教化之
道，當如〈成之聞之〉所載「君子之蒞民也，身服善以先之，敬
慎以守之，其所在者入矣。上苟身服之，民必有甚焉者。」⑥；
亦即教化之妙，在於為人君者能以身作則，則可以收上行下效、
不令而行自動自發之效果，而易於達到「君義臣行，父慈子孝，
夫和妻柔」⑧、「父子有親，君臣有義，夫婦有別」⑩的理想人
倫狀態。

　　由於在上者引而導之對於百姓的教化效益極大，此從子夏
「聖人作為父子、君臣，以為紀綱；紀綱既正，天下大定。」⑩
之說可以獲得佐證，亦即家族之中透過為人父者之模範，邦國之
中能有為人君者之表率，即可較輕易地達到家族倫理彰顯、邦國
倫理得正，且天下大定之局面。同時，子夏此說，還可視為孔子
所謂為政之道在於「君君，臣臣，父父，子子」⑪的進一步闡
述。孔子之所以首先提出君臣、父子的問題，乃是因為君臣與父
子分別為邦國與家族的代表，並且君與父在國與家之中又具有明
顯的統領地位，所以必須率先被嚴格要求克盡其應有之職分；在

「其身正，不令而行」的情況下，於是「君爲臣之綱，父爲子之
綱」順理而成立。「君爲臣之綱，父爲子之綱」既然成立，而三
大人倫關係中的夫婦一倫，在父系社會的架構內，「夫爲妻之綱」
亦成爲自然之事。而此之所謂「三綱」，乃是站在重責爲人君、
爲人父與爲人夫者應該克盡職責上立說，而不是宋代以後重在壓
制人臣、人子、人妻上著眼。

　　本文藉由郭店楚簡的出土資料，主要說明從孔子到孟子之
間，早期儒家在人倫思想上的發展。回顧戰國中期之時，儒家對
於人倫中最重要的夫婦、父子以及君臣等三種關係，早有明確的
分位、職德觀念，亦即經由「六位」的各盡其分，以克盡「六職」
與「六德」，卒可使人倫大定、天下治安。此一套思想，即使後
來發展爲「三綱」說，但是漢唐時期，其人倫綱紀的觀念仍然對
於維護社會秩序、促進天下安定具有正面價值。其中的道理，正
如《白虎通》所載「何謂綱紀？綱者張也，紀者理也。大者爲
綱，小者爲紀，所以張理上下，整齊人道也。人皆懷五常之性，
有親愛之心，是以綱爲化，若羅網之有紀綱而萬目張也。」⑰，
可知由於「三綱」的關鍵在於「五常」（參照「從三親到五倫」
的專文討論），因而具有整齊人道之功效。可惜至於宋代以後，
「三綱」成爲維護專制君權、父權的利器，更成爲禁錮婦女的罪
惡符咒，不但並非早期儒家之本意，甚且還是盜用禮教之名，而
行迫害人性之實。真正關心人倫義理者，對於何者爲「真倫
理」，何者爲「假道學」，必須要有正確的認知。

注釋

① 《莊子》〈盜跖〉，見於清・郭慶藩，《莊子集釋》（臺北：貫雅文化事業
有限公司，1991 年 9 月），頁 1004。郭氏引司馬云：歲、日、月、星
辰、曆數為「五紀」，君、臣、父、子、夫、婦為「六位」。不過俞樾認
為司馬之「五紀」與疏戚、貴賤、長幼之義並不相應。至於郭氏則認為
「五紀」即「五倫」，「六位」即「六紀」；而所謂「六紀」，當如《白虎
通》〈三綱六紀〉所載：「六紀者，謂諸父、兄弟、族人、諸舅、師長、
朋友也。」

② 《論語》〈微子〉，見於魏・何晏集解，宋・邢昺疏，《論語注疏》，收入
《十三經注疏》（臺北：藝文印書館，1985 年 12 月），頁 166。

③ 《禮記》雖然成書於西漢，然而各篇出現之年代不盡相同。彭林，〈郭
店楚簡與《禮記》的年代〉，見於《郭店簡與儒學研究》，《中國哲學》
第 21 輯（瀋陽市：遼寧教育出版社，2000 年 1 月），頁 41-59，指出
《禮記》中傳經諸篇以及通論禮義諸篇都成於戰國時期。

④ 大陸學者李零於〈郭店楚簡校讀記〉，收入陳鼓應主編，《道家文化研究
——『郭店楚簡』專號》第 17 輯（北京：三聯書店，1999 年 8 月），頁
516 中表示：目前〈六德〉之篇題乃取自簡 1 的「六德」為名，然而從
文義看，「六德」實派生於「六職」，「六職」又派生於「六位」，簡文
所述，實以「六位」為主。同時，此「六位」亦見於〈成之聞之〉，似與
該篇相承；因此〈六德〉若改為〈六位〉也許更合適。

⑤ 荊門市博物館編，裘錫圭審訂，《郭店楚墓竹簡》〈六德〉（北京：文物
出版社，1998 年 5 月），頁 188。

⑥ 《易》〈序卦傳〉，見於魏・王弼、韓康伯注，唐・孔穎達等正義，《周

易正義》，收入《十三經注疏》（臺北：藝文印書館，1985 年 12 月），頁187。

⑦周‧商鞅，《商子（商君書）》〈畫策〉卷4，收入《百子全書》第2冊（長沙：嶽麓書社，1993 年 9 月），頁1570。雖然此處所載商鞅將君臣等人倫關係推本於黃帝之說未必可信，不過，倘若對照《易》〈繫辭下〉，頁167-168 所載，將「黃帝」緊緊列於包犧氏、神農氏之後，置於堯、舜之前，且將人類絕大多數文明之始推本於「黃帝」之時，則知此《商君書》所載，亦應可視為華夏民族「共識」之先聲。倘若再對照漢‧司馬遷之《史記》，將〈黃帝本紀〉列於全書之首，更可知「黃帝」在中國文明史以及民族發展史上具有特殊之地位。

⑧《莊子》〈人間世〉，見於清‧郭慶藩，《莊子集釋》，頁155。

⑨《禮記》〈中庸〉，見於漢‧鄭玄注，唐‧孔穎達等正義，《禮記正義》，收入《十三經注疏》（臺北：藝文印書館，1985 年 12 月），頁882。

⑩《左傳》〈成公十三年〉，見於晉‧杜預注，唐‧孔穎達等正義，《春秋左傳正義》，收入《十三經注疏》（臺北：藝文印書館，1985 年 12 月），頁460：國之大事，在祀與戎。

⑪其詳參見《禮記》〈祭統〉，頁831-832。

⑫其詳參見《禮記》〈哀公問〉，頁849。

⑬《禮記》〈昏義〉，頁1000。

⑭《禮記》〈郊特牲〉，頁506。

⑮「卡」，李零〈郭店楚簡校讀記〉作「別」，見於陳鼓應主編，《道家文化研究‧郭店楚簡專號》第17 輯（北京：三聯書店，1999 年 8 月），頁518。龐樸認為「卡」即「卞」，通「辨」，見於《竹帛〈五行〉篇校注及研究》〈《六德》篇簡注〉，頁188-189。

⑯其詳參見《郭店楚墓竹簡》〈六德〉，頁188。

⑰《郭店楚墓竹簡》〈成之聞之〉，頁168。

⑱《論語》〈子罕〉，頁80。

⑲《荀子》〈勸學〉，見於清·王先謙，《荀子集解》（臺北：藝文印書館，1988年6月），頁113-114。

⑳《左傳》〈襄公二十四年〉，頁609。

㉑其詳參見《禮記》〈祭法〉，頁802。

㉒《毛詩》〈商頌·長發〉，見於漢·毛亨傳，鄭玄箋，唐·孔穎達疏，《毛詩正義》，收入《十三經注疏》（臺北：藝文印書館，1985年12月），頁800。

㉓其詳參見《尚書》〈舜典〉，頁44，記載舜對禹曰：「禹，汝平水土，惟時懋哉！」〈禹貢〉，頁77，首先記載「禹敷土，隨山刊木，奠高山大川」之事，然後詳加記錄九州之劃分、山川之方位走向、物產貢賦、交通往來等情形，最後，則於篇末（頁93）綜述禹之功績：「東漸于海，西被於流沙，朔南暨，聲教訖於四海。禹錫玄圭，告厥成功。」〈呂刑〉，頁298記載：「乃命三后恤功於民：伯夷降典，折民惟刑；禹平水土，主名山川；稷降播種，農殖嘉穀。三后成功，惟殷於民」。

㉔其詳參見《尚書》〈大禹謨〉，頁53。

㉕《周禮》〈夏官·司勳〉，見於漢·鄭玄注，唐·賈公彥疏，《周禮注疏》，收入《十三經注疏》（臺北：藝文印書館，1985年12月），頁454，有關六種「功」之內容，鄭玄以為：輔成王業若周公者，謂之「勳」；保全國家若伊尹者，謂之「功」；法施於民若后稷者，謂之「庸」；以勞定國若禹者，謂之「勞」；制法成治若咎繇者，謂之「力」；克敵出奇若韓信、陳平者，謂之「多」。

㉖《禮記》〈祭法〉，頁803 。

㉗《禮記》〈緇衣〉，頁928 。

㉘《左傳》〈襄公二十九年〉，頁672 。

㉙《論語》〈泰伯〉，頁74 。

㉚其詳參見《論語》〈憲問〉，頁123 。

㉛其詳參見《孟子》〈滕文公上〉，頁98 。

㉜此兩則紀錄，分別見於《孟子》〈離婁下〉，頁145.153-154 。

㉝其詳參見《郭店楚墓竹簡》〈六德〉，頁187之釋文，以及頁189裘錫圭
之按語。其中「有『教』者，有『受』者」之關鍵字「教」與「受」，裘
先生闕而未定，李零之〈郭店楚簡校讀記〉，頁517 ，則直接以「教」與
「受」二字實之；張光裕主編，袁國華合編，《郭店楚簡研究——第一
卷文字篇》（臺北：藝文印書館，1999年1月），頁105.600 ，亦釋爲此
二字；而龐樸也於《竹帛〈五行〉篇校注及研究》〈《六德》篇簡注〉，頁
184 ，根據圖版與文意而隸定此二字爲「教」與「受」，分指父子之職。
另外，「以『卒』六德」，「卒」字裘先生未釋，李氏釋爲「卒」，龐先
生亦從李氏之說。至於陳偉，則於〈郭店楚簡別釋〉，《江漢考古》1998
年11月第4期，頁70 ，從文獻資料所載而補此二字爲「教」與
「學」；而顏世鉉，則於〈郭店楚簡〈六德〉箋釋〉，《中研院史語所集
刊》第72本第2分，2001年6月，頁451 ，認爲「學」與「受」之上半
無甚差別，然而該簡文之下半，就圖版而言，應爲從「子」而非從
「又」，因此應以釋爲「學」較爲合適。筆者認爲圖版雖然有些模糊，不
過卻與從「又」者稍別，若合併現存文獻資料推測，釋爲「學」應較爲
合適。

㉞分別見於漢・許慎撰，清・段玉裁注，《說文解字注》（臺北：蘭臺書

局，1972 年 9 月），頁 705.618.504.620 。

㉟其詳參見《左傳》〈襄公三十年〉，見於晉・杜預注，唐・孔穎達疏，
《春秋左傳正義》（臺北：藝文印書館，1985 年 12 月），頁 681 。

㊱其詳參見《郭店楚墓竹簡》〈六德〉，頁 187 。

㊲《禮記》〈郊特牲〉，頁 505-506 。

㊳《儀禮》〈士昏禮・記〉，見於漢・鄭玄注，唐・賈公彥疏，《儀禮注疏》
（臺北：藝文印書館，1985 年 12 月），頁 60 ：「皮帛必可制。」賈
《疏》：皮帛必可制者，可制為衣物，此亦是教婦以誠信之義也。

㊴《禮記》〈喪服四制〉，頁 1033 。

㊵《禮記》〈內則〉，頁 538-539 。

㊶《論語》〈述而〉，見於漢・鄭玄注，宋・邢昺疏，《論語注疏》（臺北：
藝文印書館，1985 年 12 月），頁 63 。

㊷《大戴禮記》〈本命〉，見於清・王聘珍撰，王文錦點校，《大戴禮記解
詁》（北京：中華書局，1992 年 1 月），頁 254-255 。另外，亦見於《孔
子家語》〈本命〉，收入《百子全書》第 1 冊（長沙：嶽麓書社，1993 年
9 月），頁 53 。兩處之文字雖然稍有出入，不過意義卻無差異。

㊸《禮記》〈昏義〉，頁 1001 ：婦順備而后內和理，內和理而后家可長久
也。

㊹當然現代女性主義者未必會認同此種說法，但是從文獻中所載：「天地
合而后萬物興焉」、「夫妻一體」、「共牢而食，同尊卑也」等等，都可
以說明夫妻雖然有陽與陰之不同象徵、動靜差異之不同傾向，但是，重
要的不在於以陽制陰、以動制靜，而是必須承認在陰陽各有差異之性的
情況下，務必使陰陽二者和合，方可以萬物興隆；倘若陰陽交逼爭勝，
則萬物難成。至於宋代以後女權受到強力壓抑，則本非先秦以前聖賢原

先的構想。

㊺《說文解字注》，頁116。

㊻《郭店楚墓竹簡》〈六德〉，頁187。關於「或從而敎誨之」之「或」，陳
偉於〈關於郭店楚簡〈六德〉諸篇編連的調整〉，收入《江漢考古》2000
年第1期，頁50，李零於〈郭店楚簡校釋〉，頁518，均作「又」。另
外，《郭簡》中，「睦里社」三字以「口𣢪二」之形式出現，且後兩字
爲合文。陳偉於〈郭店楚簡〈六德〉諸篇零釋〉，《武漢大學學報（哲學
社會科學版）》，1999年5月，釋此爲「奉社稷」。「睦里社」之隸定，
則根據顏世鉉，〈郭店楚簡〈六德〉箋釋〉，頁469之說。而「故人則爲」
後四字之缺，李零於〈郭店楚簡校讀記〉中，補爲「人也，謂之」，成爲
「故人則爲人也，謂之仁」。顏世鉉則認爲也可能補爲「故人則（能）爲
人子謂之仁」。顏氏所補，在此父子對舉、聖仁二德互見的文句中，更能
彰顯此父子二位之間的人倫關係。

㊼《毛詩》〈小雅・蓼莪〉，見於漢・毛亨傳，鄭玄箋，唐・孔穎達疏，
《毛詩正義》，收入《十三經注疏》（臺北：藝文印書館，1985年12
月），頁436-437。

㊽其詳參見周・左丘明撰，上海師大古籍整理組校點，《國語》〈齊語〉
（臺北：里仁書局，1981年12月），頁226-228。

㊾分別見於周・管仲，《管子》〈五輔〉，卷3，收入《百子全書》第2
冊，頁1284；〈形勢解〉，卷20，頁1400。

㊿其詳參見清・王聘珍撰，王文錦點校，《大戴禮記解詁》〈保傅〉（北
京：中華書局，1983年3月），頁50-53。另外，盧注引《周書》記載：
習之爲常，自氣血始。

51其詳參見拙作，〈論君臣服喪所凸顯的君臣倫理──以《儀禮・喪服》

為中心〉，臺灣師大國文研究所，《中國學術年刊》第21期，2000年3月，頁54-60。

(52)《尚書》〈泰誓上〉，見舊題漢・孔安國傳，晉・梅賾獻，唐・孔穎達等疏，長孫無忌刊定，《尚書正義》，收入《十三經注疏》（臺北：藝文印書館，1985年12月），頁153。

(53)分別見於《說文解字注》，頁57.119。

(54)《郭店楚墓竹簡》，頁187。李零，〈郭店楚簡校讀記〉，頁517，「淒」作「濟」；龐樸於《竹帛《五行》篇校注及研究》〈六德篇簡注〉，頁185，亦從李氏之說。就文義而言，「濟」優於「淒」，且二字音近。

(55)《韓非子》〈說疑〉，見於清・王先慎撰・《韓非子集解》，卷17，收入《新編諸子集成（第一輯）》（北京：中華書局，1998年7月），頁405。

(56)其詳參同上注，卷5，頁113。

(57)《禮記》〈王制〉，頁224.259。

(58)分別見於《荀子》〈成相〉，見於清・王先謙，《荀子集解》（臺北：藝文印書館，1988年6月），卷18，頁742；卷8，〈君道〉，頁429-430；卷9，〈致仕〉，頁466。

(59)其詳參見《荀子》〈臣道〉，卷9，頁422。

(60)其詳參見《論語》〈雍也〉，頁55。

(61)漢・劉安編，《淮南子》〈脩務〉，見於劉文典，《淮南鴻烈集解》，收入《新編諸子集成（第一輯）》（北京：中華書局，1989年5月），頁630。

(62)《管子》〈形勢解〉，卷20，頁1395。

(63)其詳參見《荀子》〈臣道〉，頁449-450。

(64)《淮南子》〈主術〉，見於《淮南鴻烈集解》，頁289。

(65)《說苑》〈建本〉，卷3，收入《百子全書》第1冊，頁561-562。

㊌ 《孟子》〈離婁下〉,頁142。

㊍ 《郭店楚墓竹簡》〈成之聞之〉,頁167。

㊎ 《左傳》〈隱公三年〉,卷3,頁54:君義、臣行,父慈、子孝,兄愛、弟敬,所謂六順也。〈昭公二十六年〉,卷52,頁906:禮之可以為國也,久矣!與天地並。君令臣共,父慈子孝,兄愛弟敬,夫和妻柔,姑慈婦聽,禮也。

㊏ 《孟子》〈滕文公上〉,卷5下,頁98。

㊐ 《禮記》〈樂記〉,卷39,頁691。

㊑ 《論語》〈顏淵〉,卷12,頁108。

㊒ 《白虎通》〈三綱六紀〉,見於清‧陳立,《白虎通疏證》,卷8,收入《續經解三禮類彙編(一)》(臺北:藝文印書館,1986年9月),頁513。

$\overbrace{第五章}$

從「六德」到「四行」、「五行」
的「三重道德」

　　由於「人」這種生物的幼稚期特別長，因此當其離開母體而
降生於世，即必須經過一段相當長的時間受到他人的照顧呵護始
能順利成長；當其稍長，又必須互助合作以共營生活。基於上述
這種成長特性，因此人類是一種群性極強的生物體，自始至終都
與不同的個體與社群發生極密切的關係。環顧人類最早接觸的第
一個群體，即是與自己具有血緣或姻親關係的家族團體；年紀既
長，則進而接觸與自己可能並無血緣或姻親關係，然而範圍卻更
擴大的社會團體；不過，第二個接觸的社會團體儘管再大，人類
卻始終還隸屬於天地之間這個至大無外的最大團體，是天地中的
一分子，與天地間的萬事萬物產生極複雜的交互影響。

　　由於人的一生中，必須與不同的群體發生密切的關係，因此
如何與不同群體中的各個成員維持良好的關係即相當重要，亦即
每個人必須在不同的群體中實踐不同內容的道德標準，以成全彼
此不同的對待關係。職此之故，以積極入世精神展現學派特質的
儒家，自始即特別注重倫理道德之確立與實踐，龐樸即根據郭店
楚簡之〈六德〉、〈五行〉以及馬王堆帛書中的〈五行〉，提出每

　　個人應該實踐「三重道德」的說法，亦即每個人作爲家庭成員之一，就應該發揮「六德」之人倫道德；作爲社會成員之一，就應該發揮「四行」之社會道德；作爲天地之子，就應該發揮「五行」之天地道德。①世人應該實踐「三重道德」之觀念，正是早期儒家極力推行的倫常觀念。

　　本文將依循從「六德」到「四行」然後再到「五行」的發展順序，說明人人應該實踐「三重道德」，凸顯早期儒家所欲彰顯的倫常觀念所在。

第一節　以「六德」展現人倫道德之義涵

　　〈六德〉中扼要提出「夫、婦、父、子、君、臣」爲人倫之中最重要的三組對待關係，而此三組相互對待的人倫組合，又相應有「率人、從人、教者、學者、使人、事人」的職分要求，並且此不同身分地位之人，在各盡其職之後，終能成就「智、信、聖、仁、義、忠」之六種德性（其詳，已有〈「六位」及其職德的人倫關係轉折〉專文討論）。亦即此六種德性雖然均爲人類所亟需之美德，然而對於每一個有限存在的個體而言，實難以求全責備且要求其能盡善盡美，只能盡量要求每一存在個體，就其身分地位之所在而各盡其職分之特性，俾能發揮其所具德性之光輝。因而以下將於「六位」與其相對之「職」、「德」關係外，更就此六種德性之間相輔相成又相生的關係，及其對於人倫大用之影響，詳加闡述之：

一、「聖」、「智」相輔相成以導民有向

根據〈語叢〉「天生百物，人為貴。」之記載，可見至遲在300B.C.以前，世人已能認知人這種生物位於天地之間所具有的尊貴特質，因而如何使世人以順從「人之道」的方式追求永續生存的機會與發展的最大可能，不但具有邏輯上的可能，而且還應該是情理之必然；於是，透過或由中出之「仁、忠、信」，或由外入的「禮、樂、刑」等管道，②以實現人類長存於天地之間的理想，就是順理成章的。此從簡文明確標示「生為貴」③之記載，也可以得到相應的說明。而概括言之，所謂以「仁、忠、信」，或者以「禮、樂、刑」的「人之道」方式以成就「人為貴」之事實，即是人人必須實踐人倫之常道，各盡其職德，以建立群體生活之秩序，達到各盡其生的「生為貴」之最大善德。

若欲秉持人倫之大常，以成就群體生活之秩序，最適切之途徑莫過於在上者透過禮樂刑法之方式以教化百姓，使人行而有向；至於能夠「作禮樂、制刑法」以教民有向者，則非擁有聖智之德者不足以當此重任。④因為「見而知之，智也。聞而知之，聖也。明明，智也。赫赫，聖也。」、「未嘗聞君子道，謂之不聰。未嘗見賢人，謂之不明。聞君子道而不知其君子道也，謂之不聖。」⑤，所以若無聖智之德，則縱然至道當前，也無所聞、無所知何謂君子之道，更無以制作合適之禮樂刑法以導民使之有向。簡文此說，正可與《禮記》「禮以道其志，樂以和其聲，政以一其行，刑以防其姦。禮、樂、刑、政，其極一也，所以同民心而出治道也。」、「禮節民心，樂和民聲，政以行之，刑以防

之。禮、樂、刑、政，四達而不悖，則王道備矣。」⑥之記載相
互呼應（簡文之「法」，可視爲與《禮記》之「政」相當，用以
指稱政治制度。），說明在上者透過禮、樂、刑、政四種制度之
通達不悖，足以推動王道之治。

　　然而要訂定禮、樂、刑、政四種制度，則必須注意「非天
子，不議禮，不制度，不考文。」的原則，尤其處於「車同軌、
書同文、行同倫」之社會，制禮作樂者還必須是有德有位者；亦
即制禮作樂者必須遵守「雖有其位，茍無其德，不敢作禮樂焉；
雖有其德，茍無其位，亦不敢作禮樂焉。」⑦的消極限制。至於
孟子，則明確指出「堯舜之道，不以仁政，不能平治天下。」，
並且進而申說惟仁者宜在高位之理，認爲「不仁而在高位，是播
其惡於眾也」。⑧凡此所述，都非常注重對於爲人君者之德性要
求，同時因爲「聖人知天道也」⑨，所以簡文其實已經預設爲人
君者必須具備聖智之德，而且要求君主必須秉持聖智之德以行使
仁政，因爲唯有人君能知天道，方可以理解上天所賦予人君之使
命，然後才懂得「慎求之於己，而可以至順天常」⑩，且能「上
事天，教民有尊也；下事地，教民有親也；時事山川，教民有敬
也；親事祖廟，教民孝也；大教之中，天子親齒，教民弟也；先
聖後聖，考後而甄先，教民大順也。」⑪，事事以身作則而教化
百姓，百姓亦能因爲耳濡目染而承教受化，以致日漸於仁道而不
甚覺得勉強。〈緇衣〉所載「禹立三年，百姓以仁道。」即是
「上好仁，則下之爲仁也爭先。」⑫最好的說明。

　　同時，簡文中還極爲稱道唐堯、虞舜禪讓之道，認爲這種
「利天下而不利也」之作風，乃是「聖之盛」而「仁之至」也，

可知「聖」與「仁」的關係亦相當密切，也可以顯示我文化傾向
以實際事功而說「聖」與「仁」的傳統，另外還可以回應〈六德〉
「聖生仁」⑬之說法。簡文稱讚堯、舜由於其愛親，故能盡孝，
由於其尊賢，故能禪讓；是真能實踐愛親尊賢之行為者。同時由
於「孝之放，愛天下之民。禪之傳，世無隱德。孝，仁之冕也。
禪，義之至也。」⑭之緣故，所以堯、舜能推本其心中之大愛，
不但能愛親盡孝，而且還能愛及普天下之百姓；也說明堯、舜由
於無私，所以能無隱德於己，且能率行天下之大義；終能成就
「聖」與「仁」之事實。

　　將簡文盛讚堯、舜之說，對照《論語》中孔子以「何事於
仁，必也聖乎！」回答子貢「博施於民而能濟眾，可謂仁乎？」
之問，並且孔子還進一步指出：「堯、舜其猶病諸！夫仁者，己
欲立而立人，己欲達而達人。能近取譬，可謂仁之方也已。」⑮
可見人君是否能心存一念之仁且能推己及人實在相當重要。堯、
舜即以其一念在仁之心，意圖「己欲立而立人，己欲達而達
人」，並且當此仁心一旦發動，還要時常擔憂其是否可以成就
「博施濟眾」之事實，因此必須時時兢兢業業以行事，到最後才
庶幾乎可以達成「博施濟眾」之結果。亦即由於堯、舜具有聖智
之德以及愛民之意念與決心，而且時時念茲在茲，始能慎選契與
皋陶等賢能之士推動禮樂教化、彰明刑法，化仁心為仁德之行，
使萬民臣服，而成就「博施濟眾」之實，達到「以聖生仁」、
「以智利仁」⑯之結果，而非空懸仁心仁德之美景，高唱虛名以
自足。

　　經由以上所述，可見「聖」、「智」之最高作用，乃是人君

透過禮、樂、刑、法（政）各項制度之施行，以成就對人民有仁德之事；然而〈六德〉之中，卻將「聖」之德劃歸為為人父者所應擁有，將「智」之德劃歸為為人夫者所應擁有，而將「仁」之德劃歸為為人子者所應擁有，皆非為為人君所應努力發揮之德性，則其中必有其特殊之因緣，或可思考如下：

〈六德〉對於為人父者之「聖」德，僅有「既生畜之，又從而教誨之。」之簡單描述，而絲毫不提父之所教、子之所學者為何；對於為人夫者之「智」德，亦僅有「知可為者，知不可為者；知行者，知不行者。」之簡單描述，同樣無以得知較具體之內容；至於對於為人子者之「仁」德，則有「會埠長材以事上，謂之義，上共下之義，以□鈦二，謂之孝，故人則為□□□□仁。」稍微具體之敘述。⑰〈六德〉如此記載，並不代表其說與其他篇章彼此矛盾，因為「聖、智、仁、義、忠、信」諸德，乃是人類所應該普遍具有的人倫道德，最理想的狀況，當然是每個人能兼有上述眾德，且能達到諸德圓滿而謂之「聖」的境界，⑱不過由於人之稟性才賦各有差異，因此個人所擁有諸德的內容、範圍以及深度則彼此有別，即使是「普泛道德」，亦無法對每個人求全責備。

至於總括「六德」之中，又當推「聖、智、仁」最為重要，同時，無論或「聖」或「智」，其最終目的，其實都在其能成就人間更多的「仁」德之事，因此，做為天地間最重要的組成分子「父與子」而言，自當以人生最高理想境界的「聖」寄予為人父者來達成，而將人間最該成就的「仁」歸諸為人子者應該努力的目標，於是形成「以聖生仁」之狀態。再就簡文在為人子者如何

成就「仁」德之中，特別提出「義」與「孝」的具體事實，則又
可知「仁」德之達成，其實需要眾多「善德」或「善行」的實踐
與積累而來，尤其從其特別提出必須以「義」以成就「仁」德之
說明，又可知「仁」與「義」的關係相當密切。誠如《大戴禮》
所載「故孝之於親也，生則有義以輔之，死則哀以蒞焉，祭祀則
蒞之，以敬如此，而成於孝子也。」，其所謂「義以輔之」，後周
之盧辯則注為「喻於道」。⑲至於人子要「喻父母於道」，俾使父
母能行而有義，則又有賴「智」德之指導以成人子之「仁」，則
知「仁」之德亦屬總括之德；既然「仁」為總括之德，且為人情
親親之始，⑳則理應為人倫道德之本，因此在「父生子繼」之情
況下，以「仁」為人子應盡之德；於是以「聖」與「仁」標榜為
人父與為人子者應該努力達成之德性，象徵世人代代相傳都應以
盡此德性互相期許。

　　從〈五行〉「見賢人，明也。見而知之，智也。知而安之，
仁也。安而敬之，禮也。」㉑之記載，可知能從眾人之中區別何
者賢、何者不賢，即擁有知人之明與識人之智。若能擁有此洞察
世人賢愚之智，則對於世事即可作出正確之判斷，由於能「知可
為者，知不可為者；知行者，知不行者。」，因此能以智率人
㉒。正因為此智者對於人與事均能瞭然於心，因此對於事情的處
置以及世人的出入動靜皆能安之若素；既能安之若素，即能以恭
敬之心行之而有「禮」，可見「智」德之發用乃是行使人之道時
最重要的指南。由於這種明智之德無疑地應為為人君者所具備，
方可以保證君主在上明天道之後能夠遂行人道，以聖智導民，且
使民行之有向，因此〈六德〉亦不再特別強調為人君者之亟須盡

此「智」德，而將此「智」德之充量發揮，劃歸家族成員中，除卻父與子之外的另一種身分地位重要者——為人夫者——應盡之德，藉以鞭策為人夫者對於其妻與子，應該負起扶持指引之重責大任。

由於「知人道曰智，知天道曰聖」㉓，因此上承天命以生養教化百姓之君主，自當秉持其上知天道、下知人道的聖智之德，視天下之百姓猶如其子，透過禮、樂、刑、法（政）制度之人道規畫，促成仁德之事的盛行。然而為求有效推動仁德之執行，且防止為人君者挾其高位而濫施刑賞之弊，則必須特別強調君主應就其臣民才藝之別而善加任使，尤其必須以義而施祿百官，以發揮人君應有之「義」德，因此簡文對於「君」德之要求，乃在認定君主應該擁有必備的聖智之德以後，再行彰顯為人君者必須以「義」率行治道。

經由上述「聖」、「智」相輔相成，促使人君制作禮樂刑法以教化百姓而導民有向的理想狀況，連帶引出「以聖生仁」、「以智利仁」、「以義成仁」的孿生現象，可見「聖」、「智」、「仁」、「義」在人倫道德中具有相互連鎖、密不可分的關係。

二、「仁」、「義」相輔相成以成就人之貴

「作禮樂，制刑法」固然關係邦國與民心之動向最為密切，然而能擔此大責者，則非擁有「聖」、「智」之德的人君無以為之；因而對於普天下的人而言，最重要的，莫過於如何凸顯人之所以為人之價值，而自別於其他生物之存在。雖然郭店簡中僅有「天生百物人為貴」、「生為貴」之記載，㉔而未見人之何以為

貴、生之何以為貴之詳細說明，但是從《荀子》「水火有氣而無
生，草木有生而無知，禽獸有知而無義。人有氣、有生、有知亦
且有義，故最為天下貴也。」㉕所揭露人與天地間庶物之差異特
性，或許已可以代表與郭簡相近時代的潛在思想，說明「義」對
於人自別於其他庶物之重要。至於「義」之所以對人而言地位重
要，正因為人必須生活於群體之中，既然是群體生活，則不能不
區分此一群體與彼一群體之別，且同一群體之中，各個不同的個
體之間亦不能沒有「分」，不過，若欲使「分」而能「和」，則不
能不遵循「義」的原則行事，因此荀子即站在群體生活之需要，
而強調人由於有「義」而最為天下貴。

　　由於當時已能認知「義」對於人類群體生活之重要，因此
〈六德〉中特別以「義」為為人君者最應該發揮之德，且從「新
（親）父子，和大臣，□（寢、歸）四鄰之□□（牴牾、敵虜），
非仁義者莫之能也」㉖之記載，又可以發現若要維持群體與群體
之間的適當關係，以及父子君臣之間的道德情感，更有賴「仁」
與「義」之德的折衝與平衡。

　　群體生活雖然亟需「義」德以為行事斷割之依據，然而「義」
又須「智」之指引，方能行之以安而不違仁，㉗因為「仁生於
人，義生於道，或生於內，或生於外。」㉘，「仁」、「義」雖
然有內外之不同，但是二者卻必須並存而不可偏廢，只是用之之
道彼此有別，必須遵守「門內之治恩揜義，門外之治義斬恩。」
之基本原則行事㉙；由此又可知「仁」比「義」更居於本然先在
之地位。亦即倘若以「父子」、「君臣」對比，則以「父子」為
內，而「君臣」為外；倘若以「父子君臣」與「四鄰」對比，則

　　以「父子君臣」為內，而「四鄰」為外；凡對內者應該「恩揜義」，對外則「義斬恩」，彼此並無二致。

　　更進一層說，由於「仁，性之方也。」，當其表現在外，則顯為篤厚之情，[30]以融合彼此之感情，因此說「親而篤之，愛也。愛父，其攸愛人，仁也。」[31]所謂「仁」即是由人子之親愛其父開始，再推而向外以愛及他人。甚且因為「性自命出，命自天降。道始於情，情生於性。始者近情，終者近義。知情者能出之，知義者能內之。」[32]情義雖有始終先後、本末出入之不同，不過無論可親或可尊，[33]都須設法成全之，而對於與四鄰之相處，一方面要與人為善，發揮親親之仁，善盡敦親睦鄰、和睦鄰邦之責任，一方面則必須具有足以保障國內子民、抵禦外侮、平息四鄰紛爭之力量，倘若必須大動干戈，則必順民心，而重義集理，萬不得已而須行殺戮以除害，則所行必由於道。[34]由於殺戮僅能在除害以行道之最後關頭而為之，因此在戰役停止以後，對於被擄之敵人亦該發揮仁德之心而使之歸去，方可以成就最高的「義」德，且在此「義」德之成全中，同時還成全「仁」之德行。職此之故，因而簡文要說「親父子，和大臣，寢（歸）四鄰之㧑牾（敵虜）」，非具有仁義之德者無以為之。

　　而對照文獻所載，《亢倉子》從兵如水火，「善用之則為福，不善用之則為禍」，因而兵不可廢之立場，述說「古之聖王，有義兵而無偃兵」之道理，亦即聖王懂得遵守「兵至于國邑之郊，不踐禾稼，不穴丘墓，不殘積聚，不焚室屋；得人虜厚而歸之，但與人期以奪敵，資以章好惡，以示逆順，若此而猶有愎狠凌冠不聽者，雖行武焉可也。」之用兵原則，因而可以以「兵

之來也,以除人之仇,以順天之道」為「義兵」之號令,㉟正是
人君以仁義之道用兵的最好說明。至於《呂氏春秋》亦有「得民
虜奉而題歸之,以彰好惡;信與民期,以奪敵資。」㊱之記載,
說明為人君者若能以仁愛信義之心對待所擄之人,自能感動敵虜
之心而令其誠心歸附之。

三、「忠」、「信」相輔相成以貫徹成事

「忠」與「信」之德雖然均不見於「四行」或「五行」之德
目中,在「六德」中的義理層次,亦可謂稍遜於其他之德,㊲但
是若欲成就上述其中任何一德,每個人都必須有賴此「忠」與
「信」之德,以高度發揮其強韌剛毅之精神,並且抱定堅持理想
經久而不渝之決心,貫徹實踐一己應盡之職,方可以立「善」而
成「德」。

至於「忠」與「信」何以是立「善」成「德」之必要條件,
則必須從「不訛不□(達),㊳忠之至也。不欺弗知,信之至
也。」、「大(夫、太)舊(久)而不俞(渝),㊴忠之至也。□
(達、陶)而者(主)尚(常),㊵信之至也。」㊶所載「忠」、
「信」之德所具有的特質而得知。由於「忠」與「信」擁有上述
的基本特質,因而當其「積」之日久,則每個行使「忠」、「信」
之行的人不但擁有善行,而且還具有善德,內外合一,令人可親
可信;而諸如「口惠而實弗從」、「心□□□(疏而貌)親」
㊷、「行而爭奪民」等裡外不一之行徑,君子絕不為之。這種忠
信之善德推而至於極致,則可達到「至忠如土,□(為、化)物
而不□(發、伐)。㊸至信如時,□(必、畢)至而不結㊹。」

之境界，擁有忠信之德者雖能教化萬物，卻不自伐其功，使一切
事務之進行，猶如四時之變化均按照一定的規律運行，本不必再
訂定特殊的盟約，於是形成「大忠不兌（奪、說），大信不□
（期）。」之狀態，而忠信之德這種「不兌（奪）而足養者，地
也。不期而可□者，天也。」的現象，即是順乎天地自然之本
性，而合於天地之道的。

倘若參照文獻所載，則孔子相當注重忠與信之德行，《論語》
之中，更多忠信同時並舉者，如「臨之以莊則敬，孝慈則忠，舉
善而教不能則勸。」、「君使臣以禮，臣事君以忠。」、「居之無
倦，行之以忠。」、「居處恭，執事敬，與人忠。雖之夷狄，不
可棄也。」、「子以四教：文、行、忠、信。」、「道千乘之國，
敬事而信。」、「自古皆有死，民無信不立。」、「君子義以為
質，禮以行之，孫以出之，信以成之，君子哉！」、「十室之
邑，必有忠信如丘者焉。」、「主忠信，徙義，崇德。」、「主忠
信，毋友不如己者，過則勿憚改。」、「言忠信，行篤敬，雖蠻
貊之邦，行矣。」等等，⑮都可說明忠信之德對於實際人生日用
之重要。另外，〈表記〉中所載孔子說的「口惠而實不至，怨災
及其身；是故君子與其有諾責也，寧有己怨。〈國風〉曰：
『（總角之宴）言笑晏晏，信誓旦旦，不思其反，反是不思，亦已
焉哉！』」、「君子不以色親人，情疏而貌親，在小人則穿窬之盜
也與！」、「情欲信，辭欲巧。」⑯之紀錄，更與簡文所載的內
容與思想並無二致；此現象除卻可以說明郭店簡與〈表記〉的關
係密切之外，還可以說明當時相當注重忠信之德與實際生活的關
係，對於「輕諾寡信」的行為，君子視以為恥。

　　至於〈六德〉更將這種忠信之德與人生日用等世事作較具體
的結合，因此說「聚人民，任土地，足此民爾，生死之用，非忠
信者莫之能也」。[47]其中所謂「聚人民」非賴忠信者不能為之之
道理，從上述《論語》與〈表記〉中有關德性與生活互動之紀
錄，已足可說明之。至於所謂「任土地，足此民爾，生死之用」
之問題，則關係到更實際的民生問題；而面對這種實際民生問
題，就非逞口舌之博辯者所可以竟其功，而必須依靠社會大眾以
實際的行動設法努力達成。亦即面對實際的民生問題，就有賴在
上者引導盡地力、開阡陌等具體大事之推行，指導民眾明辨土地
的肥瘠等地質差異，分別選擇種植不同生長條件之作物，同時還
必須配合四時天候之所宜，使不違農時，數罟不入洿池，至於斧
斤，亦必須使其以時入山林，然後再作經常而持久的努力，從日
積月累的辛勤耕耘中，才有可能營造「穀與魚鱉不可勝食，材木
不可勝用」的經濟生活條件，達到世人普遍要求養生送死無憾之
所需。[48]這種社會經濟能力之普遍獲得，就絕非空談道德仁義者
所可以構築而成，而必須人人總動員地投入生產的行列，從區分
彼此不同的能力，分配各自應有之職責，進行有效的分工，俾使
人人能以勤勤懇懇的態度、兢兢業業的精神，腳踏實地按部就班
地工作，因此若非擁有忠信之德者，則無法以其剛毅堅韌之精神
貫徹執行應盡之職責，更無法成其應有之功，而足世人生死之
用。

　　由於忠信之德直接關係民生經濟問題，而要求民生經濟之改
善，又需要更多的人力全心投入工作，因此必須由社會中的普遍
多數者努力發揮此忠信之德。至於社會中的普遍多數者，則應以

與為人君對稱的為人臣者（而此為人臣者又主要包括所有在家的
為人父、為人子、為人夫之男性團體）為最大宗，因此〈六德〉
中參考人君視人臣猶如子弟，且君待臣以義之事實，而以「忠」
之德劃歸為為人臣者最該發揮的職德，以盡投桃報李的溫馨人
情。又由於「忠」與「信」具有密切的孿生關係，因此當為人臣
者被責以應該克盡「忠」之德時，而「信」之德遂由與經濟生活
關係最密切的女性團體來承擔，以致〈六德〉將此「信」之德交
由家庭經濟中與為人夫者相輔相成的為人婦者來承擔，說明在男
主外、女主內的家庭分工下，婦人在內實際負起與經濟生活相關
工作的執行，且為求民生問題得以理想解決，於是為人婦者應該
如期達成其應盡之職德，而人類所賴以立足於世的「信」德，亦
唯有賴女性纖細的思維、強韌的耐力，以及具有持久不變的意志
等人格特質者以培養之。

第二節　以「四行之和」發揮人道之特性

　　「六德」展現出人倫道德的各個不同面向，由於每個人既然
生而為人，所以自當於內心深處潛藏著強度不同的六種德性因
子，又因為每個人在社會上所處的身分地位不同，所遭遇的因緣
際會也各有差異，所以有待不同的個體各自開出不同的德性花
果。然而經由以上有關「六德」之相輔相成、相互孿生、彼此交
攝的複雜現象之呈現，可見此本乎天地之道、順應人情義理的六
種人倫道德，儘管可以藉由不同的個體而展現不同特質的德性，
但是終因每個人無法兼具眾德，而且此「六德」之間，有時又不

免流於較抽象之存在，以致無法凸顯「六德」之重要，而對於人道世界一切事務之順利進行未必有太大助益，因此必須從更具體的「善行」以彰顯人道之特性。以下即專就「四行之和」的內容、「智」於「四行」中的特殊地位、「禮」於「四行」中的實踐地位等三方面，說明力行「四行」如何導致人間的「善」，而發揮人道之特性。

一、「四行之和」的內容

根據〈五行〉「仁形於內，謂之德之行；不形於內，謂之行。義形於內，謂之德之行；不形於內，謂之行。禮形於內，謂之德之行；不形於內，謂之□。□□於內，謂之德之行；不形於內，謂之行。」中有關仁、義、禮、智之並列記載，以及同段稍後的「四行和，謂之善。善，人道也。」之記載，⑭可以清楚得知所謂「四行之和」的「四行」，乃用以指稱仁行、義行、禮行、智行的四種行為。這四種行為實踐，重在強調本乎天地之道的「仁、義、禮、智」諸德性在行為主體的體現與實踐，並不強調行為主體必須在其內心對於以上諸德具有深刻之體悟。亦即此所謂「四行」，乃是站在廣大的社會現實層面上，要求人與人之間具有合理而適當的關係，俾使喜、怒、哀、樂等人情之發皆能中節，達於「和」之狀態，而不至於與其他的人、事、物起衝突，則可以成就人間社會之「善」，而造就社會道德。

「仁、義、禮、智」的「四行」體系架構，從「見而知之，智也。知而安之，仁也。安而行之，義也。行而敬之，禮也。仁，義、禮、智之所由生也。」⑯之記載，可以概括得知「四行」

以「智」為先決條件，因為社會群體生活中，同儕之間彼此相互
仿效、相互影響的情形是相當強勁而快速的，因此行為主體首先
必須要能客觀認知存在的社會現象之間，其彼此的對應連鎖關係
如何，藉以決定何種行為有益於社會群體生活，應該效而仿之；
何種行為又會妨礙社會群體之發展，應該戒而不行。能理解事物
之間的相互關係，而後能知道應該採取何種合適的措施才能利人
利己，以實踐仁之行。懂得實踐利人又利己的行為，且能安而行
之，即是合於義之行。能以恭敬之態度實踐合乎仁義之行為，則
為有禮之行。因此在「四行」之中，能「見而知之」的「智」之
判斷能力，在決定如何對既存的社會狀況採取適當的行為模式
時，必須首先被考慮。不過，雖然「智」的判斷能力對於決定行
為者所行是否合乎善相當重要，但是，凡所行動，能否既安於人
又安於己的「仁」之考量，才是決定該行為是否為善的最重要關
鍵，所以在「四行」之中，以建立人與人之間適當關係的「仁」
之行，其地位又居於「四行」之首，且為義、禮、智所從生之來
源。社會中的成員一旦能努力行使這種以「仁」之行為核心的
「四行」，且能處於「和」之狀態，則能得人心之所「同」好，遂
使「四行」之行成為「善行」。

何以「四行之所和，和則同，同則善」？欲知其詳，則當溯
自人類心理所具有之共通性，亦即倘若行為者所行能合乎人類普
遍之心理需求，則該行為自然能成為社會所認可的道德行為，而
成為社會價值標準中的「善」。至於人類之普遍心理，從《孟子》
引用古代賢人龍子所說的「不知足而為屨，我知其不為蕢也」，
然後據此所作對於人類共性的推論，可以理解「和則同，同則善」

之道理：

> 屨之相似，天下之足同也。口之於味有同耆也，易牙先得
> 我口之所耆者也。如使口之於味也，其性與人殊，若犬馬
> 之與我不同類也，則天下何耆皆從易牙之於味也？至於
> 味，天下期於易牙，是天下之口相似也。惟耳亦然。至於
> 聲，天下期於師曠，是天下之耳相似也。惟目亦然。至於
> 子都，天下莫不知其姣者；不知子都之姣者，無目者也。
> 口之於味也有同耆焉，耳之於聲也有同聽焉，目之於色也
> 有同美焉。至於心，獨無所同然乎？心之所同然者，何
> 也？謂理也、義也，聖人先得我心之所同然耳！故理義之
> 悅我心，猶芻豢之悅我口。㊿

孟子不但從龍子所說，進而推理至「理義之悅我心」為人心之所
同然，並且還從人類具有自然嗜欲之事實，再推而述說仁、義、
禮、智實為「有性焉」：

> 口之於味也，目之於色也，耳之於聲也，鼻之於臭也，四
> 肢之於安佚也，性也，有命焉，君子不謂性也。仁之於父
> 子也，義之於君臣也，禮之於賓主也，智之於賢者也，聖
> 人之於天道也，命也，有性焉，君子不謂命也。㊿

孟子從人類對於口、目、耳、鼻、四肢皆有自然同好之性的事
實，利用前後文的整齊排比、對比關係，以及「性也，有命

焉」、「命也,有性焉」在人世間的微妙關係,而得出「仁、
義、禮、智」乃人之「性」的結論。然而孟子由人類所具有的自
然之性推而至於「仁、義、禮、智」的社會之性,前後雖然並無
堅強的必然關係,但是卻足以說明孟子對於促使「仁、義、禮、
智」成為人類普遍應該具有之社會特性的強調,倒是另一段對於
人之固有「四端」之說,雖然也僅是經驗界的列舉,不過還可以
作為此前後兩截人類之自然性與社會性特質的補充說明:

> 所以謂人皆有不忍人之心者,今人乍見孺子將入於井,皆
> 有怵惕惻隱之心,非所以內交於孺子之父母也,非所以要
> 譽於鄉黨朋友也,非惡其聲而然也。由是觀之,無惻隱之
> 心,非人也;無羞惡之心,非人也;無辭讓之心,非人
> 也;無是非之心,非人也。惻隱之心,仁之端也;羞惡之
> 心,義之端也;辭讓之心,禮之端也;是非之心,智之端
> 也。人之有是四端也,猶其有四體也。㊵

從孟子這一段補充說明,可以說明從經驗界的現象而言,人具有
「仁、義、禮、智」四「端」之事實,是人人所無法否認之事。
基於此一現象,世人對於合乎「仁、義、禮、智」之行為具有同
好之心理,亦應是合乎情理之必然;同時由於實踐此「四行」所
造成人間社會的「善」,適足以再回過頭來增強世人對於履行此
善行的信念。

　　至於合乎「仁、義、禮、智」之行為模式如何,〈五行〉先
從消極條件說起:

不□（變）不悅，不悅不戚，不戚不親，不親不愛，不愛
不仁。

不直不□（肆），不肆不果，不果不簡，不簡不行，不行、
不義。

不遠不敬，不敬不嚴，不嚴不尊，不尊不恭，不恭亡禮。
⑭

簡文透過「不X則不X」之語義模式，說明何種行為不斷演變發
展，則會演化成不仁、不義、亡禮、不智之行為；相對於此，則
可凸顯「若X則X」之語義，說明「溫則悅，悅則戚，戚則親，
親則愛，愛則仁。直則肆，肆則果，果則簡，簡則行，行則義。
遠則敬，敬則嚴，嚴則尊，尊則恭，恭則有禮。見賢人，謂之
明。見而知之，謂之智。」之事實，俾使世人於採取行動時可以
有所遵循。除此之外，簡文再從正面的方式說明何謂仁、義、禮
之行：

顏色容貌溫變也，以其中心與人交，悅也。中心悅焉，遷
于兄弟，戚也。戚而信之，親也。親而篤之，愛也。愛
父，其攸（繼）愛人，仁也。

中心辯然而正行之，直也。直而遂之，肆也。肆而不畏強
禦，果也。不以小道凌大道，簡也。有大罪而大誅之，行
也。貴貴，其等尊賢，義也。

以其外心與人交，遠也。遠而□（莊）之，敬也。敬而不
□（懈），嚴也。嚴而畏之，尊也。尊而不驕，恭也。恭

而□（博）交，禮也。⑤

　　經由簡文反覆申述何謂仁、義、禮之行，則世人於採取實際行動時，即有常軌可循；若能循此常軌而行，則和諧而良善的人間社會即可達成。

二、標榜「智」於「四行」中的特殊地位

　　從以上簡文對於仁、義、禮之行為的正反論說，一方面可以理解實踐仁、義、禮之道，另一方面卻可以注意到一項較特別的現象，亦即同為「四行」之一的「智」之行，無法從簡文中找到與其他仁、義、禮三行相同方式的陳述，無法得知何者為「不智」，何者又為「智」之行的「善行」不斷擴充之道。造成此一特殊現象，至少有兩種可能：其一，最簡單的解釋法，則以「闕漏」視之；其二，則為簡文另有用意。從簡文將正反二說分由前後不相連接的兩段陳述來看，「闕漏」的說法不易成立；再與帛書相對照，帛書亦呈現相同之狀況，則知「闕漏」之說法實在無法成立。因而造成簡文闕漏「智之行」的描述現象，當是另有用意。

　　至於其用意如何，則從簡文以「見而知之，智也。知而安之，仁也。安而行之，義也。行而敬之，禮也。」概述「四行」之內容順序時，可以稍見其端倪；亦即「智」之行為於「四行」之中佔有領先的先在地位，倘若無法滿足此一條件，則以下所採取的行動即不免淪於「不明」之盲動狀態，一旦所動而無明，則愈行愈遠，離開締造和諧良善的社會狀態愈來愈遙遠。然而這種

「智」的先在性，還無法圓滿解釋其何以在簡文中缺乏行為循序擴充演進而漸入於「善」行的原因，而必須另從「智」之行為特質而明其因緣。

由於〈五行〉刻意地將「五行」與「四行」從「形於內」與「不形於內」的差別，明顯區分為「德」與「行」的不同層次與界域，但是，「智」無論處於「智之行」或「智之德」之層次，又都必須以「智之思慮」作為基本前提，因此簡文必須先說明「智」之特質。簡文先提出「智弗思不得」的總說，然後再行作進一步的申述，說明「智之思也長，長則得，得則不忘，不忘則明，明則見賢人，見賢人則玉色，玉色則形，形則智。」⑩之道理，詳述世人必待思慮長遠，然後能知有所得；既有所得，則可以累積經驗而不忘解決問題之道；凡事懂得採取適當的應對進退之道，則可以得處世之明；具有處世之明，則可以分辨何者為賢人；能分辨何者為賢人，即可以明辨何為君子溫而厲之本色；能分辨何為君子溫而厲之本色，則可以不為外界所惑而有「智」之行為表現。《論語》中所載「君子有九思：視思明，聽思聰，色思溫，貌思恭，言思忠，事思敬，疑思問，忿思難，見得思義。」⑪正好說明任何行動舉措之前都必須進行適當的思慮。

由於「智」之行為表現特別出現在對「境」的判斷與反應上，因而難以規畫出思慮之一步步發展、擴充而最後終於成形之行為歷程，而與仁行、義行、禮行並列呈現，僅能於述說「四行」之首的第 30 簡處提出「見而知之，智也。」之說，然而此處「見而知之」中的所見為何，於此簡中並無以得知，而須再從其論述「五行」之處，得見「見賢人，明也。見而知之，智也。」

之說；始知其所謂「見而知之」之意，乃指行爲主體具有能從人群之中分辨孰爲賢人的識人能力。另外，則於第 23 簡對比「聖」、「智」之處，得見「未嘗見賢人，謂之不明。」之記載，而於第 24 簡得見「見賢人而不知其有德也，謂之不智。」⑱之說；可見簡文對於「智」之行的記載難免要與「五行」中的「智之德」相交攝。從「智之德」與「智之行」相交攝的情形來看，不能不說其乃緣於其特別區分「德」與「行」所造成的文字表達限制，不過，從此處卻也可以相對凸顯「德」與「行」應該合而爲一，方可以造就理想社會之事實。

　　儘管簡文少有有關「智之行」的記載，不過，從《論語》「知者利仁」、「知者不失人，亦不失言。」之記載，⑲可以得知「智之行」的功能。另外，從《禮記》「愛而知其惡，憎而知其善」、「好而知其惡，惡而知其美者，天下鮮矣！」的簡單記載，已可清楚展現「智行」的發用，對於應以「就事論事」的態度處理人間事的價值與重要。除此之外，再從〈中庸〉「成物，知也。」，以及孔子以舜能「好問而好察邇言，隱惡而揚善，執其兩端、用其中於民」的表現爲「大知」的記載，可以得知「智之行」對於實際民生的效用。⑳

　　經由簡文與文獻對照，可以理解早期儒家雖然極爲重視倫理道德，然而並不表示其忽視「智」的重要，而是非常強調「智」的思慮對於世人行爲的指導價值，認爲唯有經過「智」的指引而採取的仁、義、禮之行爲，才能發揮其應有的價值，而成就真正的「善行」。

三、標榜「禮」於「四行」中的實踐地位

「四行」之中，「智」為仁、義、禮之前導，而「仁」則為義、禮、智所由生之來源，同時，仁、義、智又各為「六德」之一，僅有「禮」既不在「六德」之中，又非四行之前導，且非四行之根源，然而它卻是行為實踐的主體，是溝通內在之德與外在之行的管道。所謂「仁，內也；義，外也；禮、樂，共也。」[61]即說明「禮、樂」正是貫通內外最好的橋梁，又因為「禮、樂」之中，「禮」又算是最有標準、規範可循的；因此在簡文之中，有關「禮」的記載特別值得注意。

由於「四行」之實踐，旨在促進社會道德之確立，藉以締造和諧良善的社會環境，因此若能由在上位者主導推動，更可以收事半功倍之效。所謂「長民者教之以德，齊之以禮，則民有歡心；教之以政，齊之以刑，則民有□心。」[62]，即說明在上位者若能本諸仁德之心，以行王道之治，且以順乎民心的方式引導百姓共同遵循合理的制度，則上行下效的結果，遂使人民皆能樂於遵行有禮的社會制度。因此簡文又說：「□（明）禮、畏守、樂孫，民教也。」[63]，意指促使人民接受教化之先決條件，即是先使百姓能明禮、知禮，然後能知所進退，彼此相處愉悅謙遜，於是教化自然可行。另外，〈尊德義〉「□（尊）仁、親忠、敬壯（莊）、歸禮，行矣而無□（違），兼心於子俍，忠信日益而不自知也。」中「歸禮」之說，亦在說明在上者能率行仁、忠、莊、禮而無違，則百姓易直子諒之心與忠信之行不但油然而生，甚且還日益增進而不自覺；簡文所說「教以禮，則民果以勁。」即顯

示以禮施化於民，對於鼓舞百姓實踐禮之行所具有的催化作用。
因此簡文再重申「君民者治民復禮，民余（除）□（害）智，□
勞之□（軌）也。為邦而不以禮，猶□之無□也。非禮而民悅
哉，此小人矣。非倫而民服，世此亂矣。治民非還生而已也，不
以旨欲□其義。」之道理，不但直接說明治民者應該以禮施政，
引導人民去除嗜欲悖義之心，還間接說明為邦以禮之目的，當以
使民明乎人倫為宗旨，以回應篇首「尊德義，明乎民倫，可以為
君。」所說。⑭至於所謂「明乎民倫」，即是「禮」的功能之
一。

　　至於「禮」之所以能具有上述的政治教化功能，當本於「禮
因人之情而為之」⑮的根本道理，而且又因為「情生於性，禮生
於情，嚴生於禮」⑯的連鎖關係，所以「禮」能內本於天生之情
性，而外通於莊嚴恭敬之行，於是依照「知己而後知人，知人而
後知禮，知禮而後知行。」⑰的順序原則，致使人之所行皆合乎
一定的節度，因而才說「知禮然後知刑」⑱，亦即先以「禮」樹
立個人行為之典範，而另以「刑」補「禮」之不足，因為「刑不
逮於君子，禮不逮於小人」⑲，於是可以形塑有「禮」的社會。
同時又由於「禮」與「仁、義、智」的密切相關，所以能帶動世
人努力實踐「四行」，增加社會中的善行。

　　倘若對照現存文獻而言，則可以發現「禮」由於具有豐富的
內涵與外延，因此可以成為「四行」之中的主體項目。詳加分析
「禮」的內涵，可知「禮」具有呈現天地的理序、凸顯人禽的分
別、注重實地踐行、講求和諧平衡等四大特質；至於其外延部
分，則可以包括許多條理分明的禮儀規範，同時還包括種類繁多

而且各具作用的禮儀活動。⑦其中有關「禮」的內涵意義方面，「呈現天地的理序」該部分，主要說明其成為「五行」之一的理由；「凸顯人禽的分別」，則旨在建立一個倫輩有等、長幼有序的倫理社會；「注重實地踐行」的內涵意義，則最能展現其為「四行」主體活動的特性；而「講求和諧平衡」，則要求人從其內在情性與外界的存在環境取得相互平衡，使情感與理性皆能和諧發展，不但能成就「四行」對於社會之「善」，而且還可以向上提升至「五行」的天地之「德」境界。另外，「禮」的外延，則可說是通過禮儀制度的全盤規畫，使「禮」的內容與實際生活密切融合，從個人一舉手一投足的言行舉止，乃至於社會群體的各種儀式活動中，點點滴滴灌注「禮」的精神與意義，使人於膚潤浸漬之中日受其化而不自覺；同時由於舉措活動皆能合於「禮」，而凡合乎「禮」的真義之行為，又可以連帶滿足「仁、義、智」的要求，遂使人人之行為由於合乎「仁、義、禮、智」的價值標準，而能合乎社會道德的要求。

第三節　以「五行之和」凸顯天道之德性

　　人類除卻生活於人際網絡之間，而需要履行人倫道德以外；更因為生存於廣大的社會群體之中，於是需要衡量彼此的實際狀況，努力達到社會團體之間最大的善；同時因為人永遠屬於天地之間的一分子，秉乎天地之大德而生，所以亟須力行「五行之和」，以重新展現此一內藏於人心深處的天地之德。以下即分由「五行之和」的內容、「聖」於「五行」中的統領地位、「樂」

於「五行」中的特殊地位等三方面，而陳述「五行之和」如何呈顯天地之大德。

一、「五行之和」的內容

從「仁形於內，謂之德之行；不形於內，謂之行。義形於內，謂之德之行；不形於內，謂之行。禮形於內，謂之德之行；不形於內，謂之□。□□於內，謂之德之行；不形於內，謂之行。聖形於內，謂之德之行；不形於內，謂之德之行。德之行五，和謂之德。德，天道也。」⑦之記載，可知「不形於內」的「仁、義、禮、智」僅能是純粹的「仁行、義行、禮行、智行」之人道行為，至於「形於內」的「仁、義、禮、智」，則是能上通於天地自然之道的「仁之德、義之德、禮之德、智之德」。至於「聖之德」的境界，則只能是「聖之德」，根本無法不形於內，無法僅僅停留於「聖之行」的層次。由此可知所謂「五行之和」，乃指「仁之德、義之德、禮之德、智之德、聖之德」皆達於「中正平和」之狀態，而能回歸於天地本然之德的境界。

從簡文以下所載，可以清楚得知所謂「五行」為何，「五行之和」又是如何：

> 見而知之，智也。聞而知之，聖也。明明，智也。赫赫，聖也。「明明在下，赫赫在上。」，此之謂也。
>
> 聞君子道，聰也。聞而知之，聖也。聖人知天道也。知而行之，義也。行之而時，德也。見賢人，明也。見而知之，智也。知而行之，仁也。安而敬之，禮也。聖，知禮

【從「六德」到「四行」、「五行」的「三重道德」】

樂之所由生也，五〔行之所和〕也。⑰

整理上述兩段紀錄，可知「聖人」即是知天道者，而知天道的先決條件，乃是耳「聰」目「明」。所謂耳「聰」目「明」，乃是既聞，則內心靈而感知；既見，則瞭然知於其心——因此可以感知於內的「聖」與「智」能力，對於達到五行之和的境界特別重要。至於所謂「聖」的境界，不但是禮與樂所由生之本源，而且還是「五行」臻於和合狀態時所達到的最高境界。

由於「德」與「行」的區別在於其是否「形於內」，因而此「形於內」的重心何在，自然是造成二者差異的根本關鍵。若欲明確辨析「德」與「行」的細微差別，則須進而思索何謂「形於內」的真義。既然「德之行」必須是「仁行、義行、禮行、智行」等「善行」之出自內在德性之感悟，而後再發諸於外的行為；而人之能否感悟，又首先取決於心中的思慮如何；感悟之後，倘若要發而成為真正的「德之行」，還有賴「行之以時」，因此簡文特別在上段說明「五行之和」時，夾入一句「行之而時，德也。」即是此意，意謂不但「善行」需要力行，「德之行」的價值更必須世人「時時行之」，而後始能展現其光輝，因此〈五行〉的簡文又說：

> 五行皆形於內而時行之，謂之君〔子〕。士有志於君子之道謂之志士。善弗爲無近，德弗志不成，智弗思不得。思不精不察，思不長〔不得，思不輕〕⑱不形。不形不安，不安不樂，不樂無德。

此段簡文雖然簡短，卻提供幾點重要訊息：「德之行」必須依賴「有志於君子之道」的「志士」且「時行之」等三大條件之組合而達成。從這三大條件中，「志」之所在即爲問題之樞紐，而能否志向正確，則又要「思」之能發揮高度功能，始能達到最高的「德」之境界。於是，簡文有必要再對「思」進行詳細的分殊：

> 仁之思也精，精則察，察則安，安則溫，溫則悅，悅則戚，戚則親，親則愛，愛則玉色，玉色則形，形則仁。
> 智之思也長，長則得，得則不忘，不忘則明，明則見君子道，見君子道則玉色，玉色則形，形則智。
> 聖之思也輕，輕則形，形則不忘，不忘則聰，聰則聞君子道，聞君子道則玉音，玉音則形，形則聖。⑭

在「五行」之中，「思」的成分位居最重要地位的，無疑地要屬「仁」、「智」以及「聖」三德，因此簡文特別詳加區別此三種不同的「思」之特質。「仁之思」從「精細」開始，到「玉色則形」，然後「形則仁」；「智之思」則從「長遠」開始，一樣到「玉色則形」，然後「形則智」。其中，以「精微細膩」凸顯「仁之思」的明覺靈敏特質，而以「長遠縝密」象徵「智之思」的謹慎周密，呈現「仁德」與「智德」的差異；不過，這兩種思維的作用，又可以經由「玉色」的共同意象，而顯露其形之於外之時的溫潤又敬慎惕慄之特性。「仁德」與「智德」這種互補又互融的性質，正是構成「聖德」最重要的兩大羽翼。至於「聖之思」則從「輕清」開始，然後在到達「玉音則形」後，乃臻於「形則

聖」之境界；藉以凸顯「聖」具有「輕盈清越」的特質，而無「重濁滯礙」之障礙，因此能上通於「玉音」之天聽，而回歸天地之大德。〈五行〉繼此正面的陳述仁、智、聖三德之思以外，更從反面補充說明該三德密切的連鎖關係：

> 不仁，思不能精。不智，思不能長。不仁不智，未見君子，憂心不能惙惙；既見君子，心不能悅。……〔不〕仁，思不能精。不聖，思不能輕。不仁不聖，未見君子，憂心不能忡忡；既見君子，心不能降。

此段簡文不但說明不仁則不智、不仁則不聖的連鎖關係，更說明這種人當其未見君子之時，則不能無心中之憂；既見君子之後，心中又不能悅樂而安定之。於是由此又引出成聖的一項重要心理因素——憂。然而此之所謂「憂」，並非杞人憂天、庸人自擾之意，而是君子所具有的終身之憂，也正是「舜，人也；我，亦人也。舜為法於天下，可傳於後世，我由未免為鄉人也；是則可憂也。憂之如何？如舜而已矣！」⑮的恆久憂慮。這種憂患意識又往往可以開展出另一番新境界，所謂「人之有德慧術知者，恆存乎疢疾。獨孤臣孽子，其操心也危，其慮患也深，故達。」⑯正是說明這種現象。龐樸即認為這種「憂」，便是後世所謂的儒家憂患意識。⑰亦即由於人之心中具有強烈的憂患意識，因而可以觸發個人成仁、成智，以至於成聖之雄心壯志，此即簡文所謂的「君子亡中心之憂則亡中心之智，亡中心之智則亡中心〔之悅，亡中心之悅則不〕安，不安則不樂，不樂則無德。」⑱之意。

　　總括以上所述，可知所謂「五行之和」，乃是起於憂患意識的念念思慮，且以「仁」、「智」爲兩翼，而以「義」、「禮」爲手足，於是架構成一成「聖」的系統，因此可藉以呈顯天地和諧之大德。

　　另外，在文獻方面，從《孟子》以下的一段話，亦可以說明「仁之德、義之德、禮之德、智之德」乃內在於人之本心的事實：

> 惻隱之心人皆有之，羞惡之心人皆有之，恭敬之心人皆有之，是非之心人皆有之。惻隱之心，仁也；羞惡之心，義也；恭敬之心，禮也；是非之心，智也。仁、義、禮、智，非由外鑠我也，我固有之也。[79]

由於「仁、義、禮、智」是「我固有之也」，而非由外鑠者，因而必待惻隱、羞惡、恭敬與明辨是非之行爲，不僅僅停留於外在行爲之層次，而是不但能深入內心，有感於惻隱、羞惡、恭敬與明辨是非之心的明靈觸動，然後由於「誠於中，而形於外」的作用，自然散發而爲外在之行動，如此方能回歸人性本來所擁有的四德。

　　除卻「仁、義、禮、智」四德根於心之外，「五行」中最特別的「聖之德」亦受諸天所稟賦，此即《孟子》所謂「智，譬則巧也；聖，譬則力也。由射於百步之外也，其至，爾力也；其中，非爾力也。」[80]可見射箭的技巧雖然出於「智」，可以訓練而成；至於體能之強弱則宛如「聖」，乃受諸自然稟賦，非強力可爲。

二、標榜「聖」於「五行」中的統領地位

從上述「五行之和」的內容中，已隱然可見「聖」的地位特殊；再綜合以下的簡文記載，可以得見「聖」於「五行」之中具有統領的尊貴地位：

> 君子集大成。能進之爲君子，弗能進也，各止於其里。
> 〔君〕子之爲善也，有與始，有與終也。君子之爲德也，
> 〔有與始，有與〕終也。金聲而玉振之，有德者也。金
> 聲，善也；玉聲，聖也。善，人道也；德，天道也。惟有
> 德者然後能金聲而玉振之。⑧

所謂的「君子集大成」者，即是能「金聲而玉振之」的有德聖人，所以能上體天道以行人道，終始皆能成全而集大成。

對照文獻記載，則《孟子》有「集大成也者，金聲而玉振之也。金聲也者，始條理也；玉振之也者，終條理也。始條理者，智之事也；終條理者，聖之事也。」⑧與簡文極為類似之紀錄，說明所謂「聖」者，乃能掌握終始之條理而集大成者。另外，〈中庸〉對於至聖配天的描述，更可以闡發「聖」對於「仁、義、禮、智」的涵容與統領之地位：

> 唯天下至聖，唯能聰明睿知，足以有臨也；寬裕溫柔，足
> 以有容也；發強剛毅，足以有執也；齊莊中正，足以有敬
> 也；文理審察，足以有別也。溥博淵泉，而時出之。溥博

> 如天，淵泉如淵，見而民莫不敬，言而民莫不信，行而民
> 莫不説。……故曰配天。⑧

所謂「聰明睿知」，即是「聖」的表現；「寬裕溫柔」，即是「仁」
的表現；「發強剛毅」，即是「義」的表現；「齊莊中正」，即是
「禮」的表現；「文理審察」，即是「智」的表現；而唯有天下至
聖之人君可以具備此五德，博大如天，深沉如淵，且可以適時採
取合宜的措施，所以受萬民之信服愛戴。可見此段原本在於描述
具有至聖之德的君主，說明其由於能具備「仁、義、禮、智、聖」
的五德之行，因此能夠德配於天，成為「天之子」。雖說此段在
於描述君主之聖德，然而藉由此段描述，正好也可以說明「聖」
在五德之行中的獨特地位，於是配合簡文所明說的「德之行五，
和謂之德」，可知此所謂「和」，乃是集五德而為「一」的最高境
界，因此是「天德」之總體呈顯，猶如〈中庸〉特別標出「至聖」
之名，以說明「聖」之地位特別不同於其他四德之處。

三、標榜「樂」於「五行」中的特殊地位

「樂」雖然不存在於「五行」之中，但是從〈五行〉簡6
「君子亡中心之憂則亡中心之智……不安則不樂，不樂則無
德。」、簡8-9「思不精不察，……不形不安，不安不樂，不樂
無德。」、簡29「和則樂，樂則有德，有德則邦家興。文王之見
也如此。」以及「樂，服德者之所樂也。」⑧的多處記載，可以
得知「樂」與「德」的存在具有明顯的一致性，同時〈六德〉另
有「仁，內也；義，外也；禮、樂，共也。」之紀錄，雖然此兩

「樂」字之讀音不同，然而追溯禮樂制度中的「樂」，其目的亦在於使人由於「樂」之通於人心人情之至深處，因此易於接受教化，而達到「中和安樂」之境界。由此可見即使「樂」不在「五行」之中，但是他的地位卻相當重要。

除卻以上簡文直接陳述「樂」與「五行之德」的關係外，從其他篇簡文對於「樂」的強調，及其描述「樂」對於和諧人情之作用，可以間接說明「樂」對於「五行之德」的特殊地位。其中尤以〈性自命出〉的相關論述最能凸顯其中的關係，謹述之於下：

> 詩、書、禮、樂，其始出皆生於人。詩，有為為之也。書，有為言之也。禮、樂，有為舉之也。聖人比其類而論會之，觀其先後而逆順之，體其義而節度之，理其情而出入之，然後復以教。教所以生德於中者也。禮作於情，或興之也。當事因方而制之，其先後之序則宜道也。又序為之節，則度也。致容貌所以度，節也。君子美其情，貴〔其義〕，善其節，好其容，樂其道，悅其教，是以敬焉。……笑，禮之淺澤也。樂，禮之深澤也。

此段簡文雖然首先提出「詩、書、禮、樂」為聖人用以化民成德之管道，不過，卻有意將「禮、樂」合而為一，企圖對訂定「禮樂制度」的義理層次作一體陳述，同時由於「禮」與「樂」相較，「禮」的整體規畫又與典章制度的關係更密切，因此對於世人生活的影響，與「樂」相較，自然更為明顯，甚且「樂」的精

神還可以因為禮樂相隨的關係，於是透過「禮」的進行而深深刻
入人心。所以此處簡文特別偏從「禮」的制作本源、意義、內
容、目的著手，標誌出禮樂具有「美化人情、貴重人義、善用節
度、好修容貌、樂盡人道、悅行教化」之特質。另外，由於「廣
博易良，樂教也。」⑧可知「樂」本有和通為體、易於使人從化
之特質，因此施行樂教之至極，即可達到「中和」之樂的境界，
所以本段簡文尚且於末尾提出人類最自然的「笑」與「樂」之反
應，而分別以「禮」之「淺澤」與「深澤」作一對照，說明人情
的直接感覺與人性的深刻感受，兩者各有層次高低之別，而將
「樂」的層次更向上提昇至「樂主和」的形上根源。

　　經過此一深入剖析，而後可以再往下進入「樂通人情」、
「樂通倫理」之境界：

　　　　凡聲，其出於情也信，然後其入撥人之心也厚。
　　　　凡至樂必悲，哭亦悲，皆至其情也。哀、樂，其性相近
　　　　也，是故其心不遠。哭之動心也，浸殺，其央戀戀如也，
　　　　戚然以終。樂之動心也，濬深鬱陶，其央則流如也以悲，
　　　　悠然以思。
　　　　凡學者求其心爲難，從其所爲，近得之矣，不如以樂之速
　　　　也。⑧

　　經由上述的記載，可以發現簡文認為出自人心、人情至深之處的
「樂」，由於人心與人性之相近，所以「樂」不但可以深入人心、
感人肺腑，還能引發世人之共鳴而使人深受其化。職此之故，所

以簡文不斷強調成「聖」之先決條件在於「聰」,而且唯有保持
聽覺之暢通無阻而毫無質滯,始能「聞而知之」,知天之聲且能
明其意;此亦即〈洪範〉「聽曰聰」⑧之意,更與古佚書中號稱
〈德聖〉中的「聖者聲也。聖者知,聖之知知天,其事化翟。其
謂之聖者,取諸聲也。知天者有聲,知其不化,知也。」⑧有相
得益彰之功效。至於「樂」,乃是「聲」之出於人心、人情,且
能入於極致無偽者,因而「樂」能入人之心也厚,動人之心也
深,所以此時之「樂」,簡文稱之為「禮之深澤」,亦即當此之
時,關係人非常重要的「禮」已經被融於「樂」之中,於是簡文
可以逕稱「不樂無德」,以特別凸顯「樂」於「五行之和」中的
特殊地位。

　　不過,簡文對於「樂」何以能深入人心、通於人情、達於天
聽之道理畢竟不甚周全,因此若欲深入理解「樂」對於「五行之
和」的真義,則須對照〈樂記〉所載,藉以補充說明「樂」以致
「和」且又通於「天德」之理。由於〈樂記〉中相關的記載相當
多,由於篇幅所限,僅抄錄其中較為重要之部分,藉由簡文與文
獻之相互對照,可以更清晰「樂」之「和」對於「德聖」之意
義。

　　　　凡音者,生於人心者也。樂者,通倫理者也。是故知聲而
　　　　不知音者,禽獸是也;知音而不知樂者,眾庶是也;唯君
　　　　子為能知樂。……知樂,則幾於禮矣。禮樂皆得謂之有
　　　　德。……是故先王之制禮樂也,非以極口腹耳目之欲也,
　　　　將以教民平好惡,而返人道之正也。⑧

從《郭店簡》探究其倫常觀念

【以服喪思想為討論基點】

> 大樂，與天地同和。……和，故百物不失。
>
> 樂者，天地之和也；禮者，天地之序也。和，故百物皆化；序，故群物皆別。樂由天作，禮以地制。……明於天地，然後能興禮樂也。
>
> 樂者敦和，率神而從天。……故聖人作樂以應天。
>
> 德者，性之端也；樂者，德之華也。……是故情深而文明，氣盛而化神，和順積中，而英華發外，唯樂不可以為偽。
>
> 樂也者，情之不可變者也。……樂統同，禮辨異。禮樂之說，管乎人情矣。
>
> 禮樂不可斯須去身。致樂以治心，則易直子諒之心油然生矣。易直子諒之心生，則樂，樂則安，安則久，久則天，天則神。天則不言而信，神則不怒而威，致樂，以治心者也。

從上述的資料，可以清楚得知〈樂記〉對於「聲、音、樂」的層次區分更為細膩，且與人的品次等級相互呼應。由於「德」為「性之端」，而「樂」為「德之華」，因此「樂」乃情深而文明發放於外者，所以是不可以為偽的真情意，且來自天地之「和」。由於「樂」本於「和」之緣故，因而聖人所作的「樂」可以上應於天。同時由於「樂」之通於倫理，因此聖人制禮作樂之道，即旨在教民平好惡而返於人道之正。由於欲引導百姓回返人道之正，於是「禮樂不可斯須去身」，且尤其必須要達到「致樂以治心」的效果，從樂教的深入人心而移民之性，則「易直子諒之心」

油然而生，終能和樂安久，且能入於天之神聖不可化的境界。因為「樂」能達到上同於天的神聖境界，所以可以推想其在導致「五行之和」中所應該扮演的特殊地位如何。

第四節　人人需要實踐「三重道德」

　　從以上三節的論述，可知由「六位」所導出的「六職」與「六德」，乃在於說明世人生於人倫世界中所應該努力達成的各種向度。它以「人倫親親」的血緣親情為主要主軸，然後再擴大於或有血緣關係或無血緣關係的貴貴、尊尊之君臣社會團體，使每個人各就其身分地位之不同，而彼此皆有其應盡的職與德，且從各自之克盡其職而展現其德行價值。「六德」之中，即將人際關係劃歸為男女有別、父子有親、君臣有義的三大立身之法，然後從父聖、子仁、夫智、婦信、君義、臣忠的六大德性中，演繹出「聖生仁、智率信、義使忠」的德性對待關係，然後再推衍出夫夫、婦婦、父父、子子、君君、臣臣應該各正其位、各盡其職、各成其德，俾能形成倫輩有序、職分有常的倫常社會。至於此「位」、「職」與「德」三者之間，則是靈活貫通的，注重彼此的相互對待，講求彼此關係的相對圓滿，而非上對下強行壓抑控制，下對上必須絕對服從的上下不通現象；同時，各不同身分地位者所應盡之德，又是順乎情理之自然而上通於天地之大德的。因此，追求「位」、「職」與「德」三者之間的貫通無礙、圓足完滿，以建立合理的倫常社會，是每個人有生之年都應該全力以赴的，此即〈六德〉「凡君子所以立身大法三，其繹之也六，其

衍十又二。三者通，言行皆通；三者不通，非言行也。三者皆
通，然後是也。三者，君子所生與之立，死與之弊也。」⑩所
說，說明個體置身於人倫網絡中，彼此的對待關係都有其適當的
溝通管道。

其次，則提出人生應該力行「四行」與「五行」之和的第
二、三重道德，分別從樹立社會道德規範，以成就人道社會之
善，並積極鼓舞對天道之德的回歸，而能參贊天地之化育。倘若
單單從「不形於內」的「仁、義、禮、智」之「四行」，與「形
於內」的「仁、義、禮、智、聖」之「五行」的簡要概述來看，
已經可以發現此兩者有明顯的重疊涵攝情況，並且二者之間的差
距也是微乎其微的。由此可以清楚得知此二者的內涵關係應該相
當密切，不可能有矛盾衝突之現象，只是二者在適用層次上有或
低或高的不同，在形象表現上有或顯或隱之差別；至於就實踐層
面而言，「四行」與「五行」之間，亦僅能是涵蓋層面的廣狹不
同、達到的層次高低有別而已，而非本質性之差異，只是「四行」
的實踐者，是知其行為對於人道之善而努力效法之，而「五行」
之實踐者，則能覺悟人道之善行乃本於天道之德，所以能內心和
樂而安然行之。

從「四行」到「五行」最大的「質」之不同，就在於「聖」
之有無。而所謂「聖」者，即是知天道者；不但其聰明聖知能達
於天德，而且還能本其至誠之道，以經綸天下之大經，立天下之
大本，制禮作樂，訂定典章制度，引導教化萬民百姓，俾使其能
努力遵行合乎仁、義、禮、智之善行，建立人間的行為準則以及
社會道德規範。由此可見所謂「人道之善」，乃是聖人以其先知

先覺之稟賦，在上體「天道之德」後，引導世人能在後知後覺、乃至不知不覺中，還能行使可以成德的善行，一旦日久天長而積善成習，亦可能豁然貫通，而瞭然於「善本乎德」、「人道出於天道」的隱微道理，於是可以從仁行、義行、禮行、智行之實踐，而入於仁德之行、義德之行、禮德之行、智德之行的層次，倘若還能進而貫通此四德之連鎖關係及其與天地之道的關係，就可以達到「聖」之層次。

　　從「善行」轉化為「德之行」的原理，透過《孟子》「可欲之謂善，有諸己之謂信，充實之謂美，充實而有光輝之謂大，大而化之之謂聖，聖而不可知之謂神。」⑪之記載，可以獲得一些訊息。因為所謂「可欲」，乃是「人同此心，心同此理」的心理訴求，倘若行為能滿足人類的這種共識，即是「善」的行為；這種合於「善」的行為，亦需要行為者不斷修習實踐，且要能確保行為者果真為「善行」的實踐者；一旦繼續充實「善行」的果實，則能逐漸顯露「善行」之美，而日進於「善之德」；待「善德」之蓄積達到充實而光輝不可掩的地步，則謂之「大」；然後經過「化之」之質變，即可跨入「聖」之層次；能進入此層次，則知「天道」與「人道」之合一而不隔，更知道如何體天道以行人道，且能「安而行之」、「樂以成德」，達到世人無以知之的「神」之境界。

　　能入於「聖」之境界者，則能致中和，而使「天地位焉，萬物育焉」，同時還能本其至誠之心而盡其性，又由於「能盡其性，則能盡人之性；能盡人之性，則能盡物之性；能盡物之性，則可以贊天地之化育；可以贊天地之化育，則可以與天地參

矣！」⑫可見擁有「聖德」者的最高使命，乃是引導世人能日漸於與天地參的「中和」之位。

「三重道德」對於世人的意義及其所能達到的功能及境界已經如上所述，然而倘若無法回溯何以人道必須本乎天道、人何以必須回歸天地之德的道理，則世人何以必須實踐「三重道德」的使命感，不但仍然缺乏必然之理，也難以激起不屈不撓、堅強剛毅的意志與精神，藉以鼓舞世人無怨無悔地朝向理想的目標邁進。職此之故，世人必須深明天地具有無不持載、無不覆幬之特質，天地之間具有四時錯行無時或已、日月代明適時更替、萬物並育而不相害、道並行而不相悖的「中和」理序，於是能夠兼融小德之川流與大德之敦化，以成就天地之大的事實；⑬然後才能知道天地造化之偉大，而人生於天地之間的藐小。能夠理解人類之藐小與天地之偉大，然後能徹悟人類既然必須生存於天地之間，賴天地之間的萬事萬物以為生，因而理當以虔敬之心與謙遜之行效法天道自然的方式力行不懈，庶幾乎能與天地精神相往來而與造物者遊，⑭且能「與天地合其德，與日月合其明，與四時合其序」，⑮真正參贊天地之化育。

注釋

①其詳參見龐樸，《竹帛〈五行〉篇校注及研究》〈三重道德論〉（臺北：萬卷樓圖書有限公司，2000 年 6 月），頁 105-119。筆者雖然十分贊同龐氏所說的每個人都應該具有人倫道德、社會道德以及天地之德的「三重道德」三個層次，不過，對於龐氏所認為由於社會道德與人倫道德的矛盾，而成為中國社會和家庭恆久的悲劇題材一說，則持保留態度。

②其詳參見荊門市博物館編，裘錫圭審訂，《郭店楚墓竹簡》〈語叢一〉（北京：文物出版社，1998年5月），頁194：天生百物，人為貴。人之道也，或由中出，或由外入。由中出者，仁、忠、信，由……（以下殘）。而根據李零，〈郭店楚簡校讀記〉，收入《道家文化研究》第17輯（「郭店楚簡」專號）（北京：三聯書店，1999年8月），頁532補。

③《郭店楚墓竹簡》〈語叢三〉，頁213。

④《郭店楚墓竹簡》〈六德〉，頁187：聖與智戚矣，……作禮樂、制刑法，教此民爾，使之有向也，非聖智者莫之能也。

⑤《郭店楚墓竹簡》〈五行〉，頁150。

⑥分別見於《禮記》〈樂記〉，見於漢・鄭玄注，唐・孔穎達等正義，《禮記正義》，收入《十三經注疏》（臺北：藝文印書館，1985年12月），頁663.667。

⑦《禮記》〈中庸〉，頁898。

⑧其詳參見《論語》〈述而〉，見於漢・趙岐注，宋・孫奭疏，《論語注疏》，收入《十三經注疏》（臺北：藝文印書館，1985年12月），頁123。

⑨《郭店楚墓竹簡》〈五行〉，頁150。

⑩《郭店楚墓竹簡》〈成之聞之〉，頁168。

⑪《郭店楚墓竹簡》〈唐虞之道〉，頁157，裘錫圭以為「大教」應讀為「太學」。

⑫兩則引文均見於《郭店楚墓竹簡》〈緇衣〉，頁129。

⑬《郭店楚墓竹簡》〈六德〉，頁188。

⑭其詳參見《郭店楚墓竹簡》〈唐虞之道〉，頁157。

⑮其詳參見《論語》〈雍也〉，頁55。

⑯《禮記》〈表記〉，頁909：子曰：仁有三，與仁同功而異情。……仁者安仁，知者利仁，畏罪者強仁。另外，《孟子》〈公孫丑上〉，見於漢‧趙岐注，宋‧孫奭疏，《孟子注疏》，收入《十三經注疏》（臺北：藝文印書館，1985年12月），頁55，則記載子貢稱孔子：「學不厭，智也；教不倦，仁也。仁且智，夫子既聖矣！」可見由於「學不厭」而可以轉博學之功以為「智」，使人知道判斷何者才可以利於仁之推行；至於「聖」，則有待綜合「仁」與「智」之德以成就更高之境界。

⑰有關為人父、為人君、為人子之「德」，均見於《郭店楚墓竹簡》〈六德〉，頁187-188。其中，為人子之部分缺文，李零之〈郭店楚簡校讀記〉，見於陳鼓應主編，《道家文化研究》第17輯（北京：三聯書店，1999年8月），頁518，作「故人則為〔人也，謂之〕仁」。另外，顏世鉉，〈郭店楚簡〈六德〉箋釋〉，《中研院史語所集刊》第72本第2分，2001年6月，頁469，作「以〔睦里社〕，謂之孝，故人則為〔人子謂之〕仁」。

⑱《郭店楚墓竹簡》〈語叢一〉，頁198：備之謂聖。盈聖之謂聖。

⑲《大戴禮記》〈曾子本孝〉，見於清‧王聘珍，《大戴禮記解詁》（北京：中華書局，1983年3月），頁80。

⑳《說文》第八篇，見於漢‧許慎撰，清‧段玉裁注，《說文解字注》（臺北：蘭臺書局，1972年9月），頁369：仁，親也；從人二。

㉑《郭店楚墓竹簡》〈五行〉，頁150。

㉒其詳參見《郭店楚墓竹簡》〈六德〉，頁187。

㉓馬王堆漢墓帛書整理小組注釋，《馬王堆漢墓帛書老子甲乙本》〈古佚書‧四〉（北京：文物出版社，1974年9月），頁24。《老子甲本》卷後之古佚書本無篇題，文獻記載也無可查考，尤其第四篇殘闕過多，其

義多有不可解之處，不過大抵與第一篇相關，龐樸稱之為〈德聖〉。

㉔分別見於《郭店楚墓竹簡》〈語叢一〉，頁194；〈語叢三〉，頁213。

㉕《荀子》〈王制〉，見於清·王先謙，《荀子集解》（臺北：藝文印書館，1988年6月），頁325。郭店一號楚墓的年代，目前考古學界已有該墓應當不晚於300B.C.的共識，而簡文所抄錄之資料則又應該早於此年代以前。至於《荀子》的成書年代雖然較晚，然而對照荀子的生存年代來看，則竹簡所抄錄資料之時代，而即使是在荀子尚未嶄露頭角之前，至少，二者的年代亦應該相去不遠。因此，從〈王制〉這段記載，至少可以反映與郭簡同時代的學術思想。

㉖《郭店楚墓竹簡》〈六德〉，頁187，裘錫圭以□為「寢」之省寫。至於□□，則根據李零，〈郭店楚簡校讀記〉，頁517，作「牴牾」。此「寢」一句，張光裕、袁國華之《郭店楚簡研究——第一卷文字篇》（臺北：藝文印書館，1999年月），頁7，則作「歸四鄰之帝（敵）乎」；顏世鉉，〈郭店楚簡〈六德〉箋釋〉，頁456，認為該句當讀為「歸四鄰之敵虜」。

㉗《郭店楚墓竹簡》〈五行〉，頁150：智而行之，義也。……知而安之，仁也。安而行之，義也。

㉘《郭店楚墓竹簡》〈語叢一〉，頁194。

㉙《郭店楚墓竹簡》〈六德〉，頁188。另外，《禮記》〈喪服四制〉，頁1032，亦有相同記載，只是「義斬恩」作「義斷恩」。

㉚其詳參見《郭店楚墓竹簡》〈性自命出〉，頁180。

㉛《郭店楚墓竹簡》〈五行〉，頁150。

㉜《郭店楚墓竹簡》〈性自命出〉，頁179。

㉝《郭店楚墓竹簡》〈尊德義〉，頁173：仁為可親也，義為可尊也。。

㉞其詳參見《郭店楚墓竹簡》〈尊德義〉，頁173：正欽（征侵），所以攻□
□。殺戮，所以除害也。不由其道，不行。頁174：凡動民必順民心，
民心有恆，求其㤹，重義集理，言此章也。

㉟其詳參見周‧庚桑楚，《亢倉子》〈兵道〉，收入《百子全書》第5冊
（長沙：嶽麓書社，1993年9月），頁4908。

㊱《呂氏春秋》〈孟秋紀‧懷寵〉，見於陳奇猷校釋，《呂氏春秋校釋》（上
海：學林出版社，1984年4月），頁412。

㊲例如《論語》〈子路〉，頁118，記載子貢問孔子：「何如斯可謂之士
矣？」孔子則以「言必信，行必果」者，僅能是「士之次」者。至於
《孟子》〈離婁下〉，頁144，更明確記載：「大人者，言不必信，行不必
果，惟義所在」。

㊳「達」字，郭簡不識。此處「達」字，則根據周鳳五，〈郭店楚簡〈忠
信之道〉考釋〉，見於《郭店簡與儒學研究》，《中國哲學》第21輯（瀋
陽：遼寧教育出版社，2000年1月），頁138。

㊴根據周氏上文，此句作「夫久而不渝」；李零，〈郭店楚簡校讀記〉，則
作「太久而不渝」。

㊵根據周氏上文，此句作「達而主常」；李零，〈郭店楚簡校讀記〉，則作
「陶而睹常」。

㊶《郭店楚墓竹簡》〈忠信之道〉，頁163。以下本段談「忠信」者，皆本
於郭簡本頁簡文。

㊷周鳳五、李零此處均作「疏而貌」。

㊸周鳳五、李零此處均作「化物而不伐」。

㊹周鳳五作「必至而不結」，李零作「畢至而不結」。

㊺分別見於《論語》〈為政〉，頁18；〈八佾〉，頁30；〈述而〉，頁63；

〈顏淵〉，頁109 ；〈子路〉，頁118 ；〈學而〉，頁6 ；〈顏淵〉，頁
107 ；〈衛靈公〉，頁139 ；〈公冶長〉，頁46 ；〈顏淵〉，頁108 ；〈學
而〉，頁7（亦見於〈子罕〉，頁81 ）；〈衛靈公〉，頁137 。

⑯均見於《禮記》〈表記〉，頁920 。

⑰《郭店楚墓竹簡》〈六德〉，頁187 。

⑱其詳參見《孟子》〈梁惠王上〉，頁12 。

⑲《郭店楚墓竹簡》〈五行〉，頁149 。

⑳《郭店楚墓竹簡》〈五行〉，頁150 。

㉑《孟子》〈告子上〉，頁196 。

㉒《孟子》〈盡心下〉，頁253 ，文獻中「聖人之於天道也」，朱熹，《四書
集注》（臺北：世界書局，1975 年6 月），頁211 ，則有「或曰：『人』
衍字」之載。

㉓《孟子》〈公孫丑上〉，頁65-66 。

㉔《郭店楚墓竹簡》〈五行〉，頁150 。「不變不悅」之「變」，根據龐樸，
《竹帛《五行》篇校注》，頁46 ，指出□該字定為「變」，於義無解，宜
定為「戀、孌、攣」之省，義指思慕、溫順、眷念之義。同時根據〈經
6 〉「……溫則悅，悅則戚，戚則親，親則愛，愛則……仁」之記載，此
「變」宜作「溫」。另外，「不直不肆」之「肆」，根據龐氏同書，頁
47 ，載：□，疑讀為肆。

㉕《郭店楚墓竹簡》〈五行〉，頁150 。「其攸愛人」之「攸」，裘錫圭、龐
樸、李零均以為應作「繼」。「遠而□之」之□，裘氏以為與「莊」可
通。「敬而不□」，裘氏以此字或為書手之誤，帛書本則作「懈」。「恭
而□交」之□，裘氏以《義雲章》之「博」與簡文之字形相似。

㉖《郭店楚墓竹簡》〈五行〉，頁149 。

㊲《論語》〈季氏〉，頁149 。

㊳此處諸簡簡文均見於《郭店楚墓竹簡》〈五行〉，頁150 。

㊴分別見於《論語》〈里仁〉，頁36 ；〈衛靈公〉，頁138 。

㊵以上各段分別見於《禮記》〈曲禮上〉，頁12 ；〈大學〉，頁986 ；〈中庸〉，頁887.880 。

㊶《郭店楚墓竹簡》〈六德〉，頁188 。

㊷《郭店楚墓竹簡》〈緇衣〉，頁130 ，「民有□心」，今本作「民有遯心」。

㊸《郭店楚墓竹簡》〈唐虞之道〉，頁157 。根據李零，〈郭店楚簡校讀記〉，頁498 ，補□為「明」(或作「知」)；至於此句之句讀，亦依照李氏標注以明其義。

㊹此三段引文，分別見於《郭店楚墓竹簡》〈尊德義〉，頁173.173.174.173 。裘氏以「兼心於子俍」為「養心於子諒」，「不以旨欲□其義」為「不以嗜欲害其義」。至於「民余(除)□(害)智」則根據李零，〈郭店楚簡校讀記〉，頁522 ，作「民除害智」。

㊺《郭店楚墓竹簡》〈語叢一〉，頁194 。

㊻《郭店楚墓竹簡》〈語叢二〉，頁203 。

㊼《郭店楚墓竹簡》〈語叢一〉，頁194。

㊽《郭店楚墓竹簡》〈語叢一〉，頁196 。

㊾《郭店楚墓竹簡》〈尊德義〉，頁174 。

㊿其詳參見拙著，《喪服制度的文化意義——以《儀禮・喪服》為討論中心》(臺北：文津出版社，2000 年10 月)，頁25-39 。

(71)《郭店楚墓竹簡》〈五行〉，頁149 。

(72)《郭店楚墓竹簡》〈五行〉，頁150 。

⑦李零,〈郭店楚簡校讀記〉,頁488,增補〔不得,思不輕〕,應是根據簡14.15所載「智之思」、「聖之思」之特質而補。

⑦《郭店楚墓竹簡》〈五行〉,頁149。「仁之思也清,清則察」之「清」,帛書本作「精」,龐樸與李零均主張作「精」,龐氏並以《孔叢子》〈說義〉「且君子之慮多,多慮則意不精。以不精之意,察難知之人,宜其有失也」,說明以文義言,當從帛書作「精」。

⑦《孟子》〈離婁下〉,頁153。

⑦《孟子》〈盡心上〉,頁232。

⑦其詳參見龐樸,《竹帛《五行》篇校注及研究》,頁163。

⑦《郭店楚墓竹簡》〈五行〉,頁151,注文據帛書本而補。

⑦《孟子》〈告子上〉,頁195。

⑧《孟子》〈萬章下〉,頁176。

⑧《郭店楚墓竹簡》〈五行〉,頁151.150。

⑧《孟子》〈萬章下〉,頁176。

⑧《禮記》〈中庸〉,頁900。

⑧《郭店楚墓竹簡》〈語叢三〉,頁212。

⑧《禮記》〈經解〉,頁845。

⑧此兩大段引文,分別見於《郭店楚墓竹簡》〈性自命出〉,頁179.180。

⑧《尚書》〈洪範〉,見於舊題漢・孔安國傳,唐・孔穎達等疏,《尚書正義》,收入《十三經注疏》(臺北:藝文印書館,1985年12月),頁170。

⑧馬王堆漢墓帛書整理小組注釋,《馬王堆漢墓帛書老子甲乙本》〈古佚書・四〉,頁24。

⑧分別見於《禮記》〈樂記〉,頁665.668.669.671.682.684.698。

⑨《郭店楚墓竹簡》〈六德〉，頁188。

⑨《孟子》〈盡心下〉，頁254。

⑨其詳分別參見《禮記》〈中庸〉，頁879.895。

⑨其詳參見《禮記》〈中庸〉，頁899。

⑨其詳參見《莊子》〈天下〉，見於清・郭慶藩，《莊子集釋》（臺北：貫雅文化事業有限公司，1991年9月），頁1098-1099。

⑨《周易》〈乾卦・文言〉，見於魏・王弼、晉・韓康伯注，唐・孔穎達等正義，《周易正義》，收入《十三經注疏》（臺北：藝文印書館，1985年12月），頁17。

第六章

從「三重道德」的倫常觀念
檢視《郭店簡》的服喪措施
及其現代倫常意義

　　經由上一章的討論，已經清楚可見世人同時生活於三種不同
層次的群體社會之中，各自擁有特殊的身分地位，且必須實踐不
同層次的倫常道德：由於每個人都屬於人倫團體中的一分子，因
而必須實踐「六德」的人倫道德；由於每個人都屬於社會團體中
的一分子，因而必須實踐「四行」的社會道德；由於每個人都生
活於天地之間，屬於宇宙時空之中的一分子，因而必須實踐「五
行」的天地之德。

　　因為人同時存在於三種不同向度的團體之中，所以必須實踐
「三重道德」。基於此存在事實，因而我們有必要先從「三重道德」
的立場，來檢視《郭店簡》中的服喪措施是否合理，能否彰顯
「三重道德」的特質；然後再根據《郭店簡》中的倫常觀念，重
新詮釋《論語》、《孟子》之中著名的人倫難題；最後再藉由
《郭店簡》與《論語》、《孟子》有關倫常問題之對照，進而思索
其在現代生活中所具有的意義。

第一節　從實踐「三重道德」的立場
檢視《郭店簡》的服喪措施

　　由於人人必須實踐「三重道德」，因而以下將本於此立場，以檢視《郭店簡》中三種併遭二喪之時的權衡服喪措施是否合理，能否彰顯人類何以必須實踐「三重道德」的特質：

一、以「三重道德」的立場
檢視併遭父與君二喪時的權衡措施

　　《郭店簡》對於世人同時併遭父與君二喪之時，採取「為父絕君，不為君絕父」的權衡措施。這種「為父絕君，不為君絕父」的權衡措施，在《郭店簡》之中，雖然不再有其他詳細的注記資料，不過合併當時的封建、宗法與喪服制度來看，則「為父絕君，不為君絕父」的措施，不可能是僅為父服斬，而斷然不為君服喪的現象。尤其透過傳世文獻《禮記》〈曾子問〉中曾子與孔子幾次反覆的問答，更可以輔助說明世人併遭父與君二喪之時，是不可能僅僅簡單地採取「為父服斬，而絕不為君服喪」斷然二分的措施（其詳參見第二章的討論）；倘若為人臣子者不幸同時遭遇父與君之喪時，僅有單服父喪，而斷絕為君所服之喪，則孔子不必大費周章地詳加區分喪禮在進行到重要的未殯、既殯、啟殯、發引四個節目時，應該如何視其緩急輕重有別的情況，而分別採行不同的權衡措施。

　　喪服制度的訂定，當然以滿足人倫親親之情為最重要、最基

本的考量原則,但是在服術的六大原則中,「親親」與「尊尊」雖然有排序先後的差別,不過,這兩大原則卻同樣隸屬於主要原則,而其他「名」、「出入」、「長幼」、「從服」之四項原則均僅能位居輔助原則之地位。由此可見服喪之輕重短長,雖然應以合乎「親親之情」為首要考量,不過也要考慮如何與「尊尊之義」作適度的協調。亦即「父」由於兼有「至親」①與「至尊」之地位,因而人子為父當然應服最重之斬衰,至於人臣為君,主要亦立基於君具有「至尊」之地位,所以人臣為君亦應服斬,以致在〈喪服〉的服喪條例中,分別位居服斬行列中一至三名的人子為父、諸侯為天子、臣為君,其共通的理由,都因為服喪對象具有「至尊」之地位。②

　　喪服制度中,父、天子與君皆由於「至尊」之緣故,而「加服」至斬衰。其中「父」對於「子」的「至尊」地位,無論從血緣關係或者封建宗法制度而言,均無邊多論。至於「君」之擁有「至尊」地位,其道理則主要有二,其一乃是人必須依賴群體而生活,其二則是「君主」可以有效統領群體中的各分子發揮各自之功能,以創造群體最高之價值,此從《呂氏春秋》之一段話可以明瞭人之異於其他生物生活之處:

　　　　凡人之性,爪牙不足以自衛,肌膚不足以扞寒暑,筋骨不
　　　　足以從利辟害,勇敢不足以卻猛禁悍,然且猶栽萬物、制
　　　　禽獸、服蛟蟲,寒暑燥溼弗能害,不唯先有其備,而以辟
　　　　聚邪。群之可聚也,相與利之也;利之出於辟也,君道立
　　　　也。故君道立,則利出於辟,而人備可完矣。③

從《郭店簡》探究其倫常觀念
【以服喪思想爲討論基點】

正因為人類個別的生理條件多有不敵自然天候與飛禽走獸之限
制，所以為求順應生活環境，不能不結合群體的力量，一方面藉
此以對抗天敵，一方面則進而開發人類自身之利益，因此統領群
體的「君」是否稱職，即直接關係世人生活條件之是否完備。至
於《荀子》，則更進一步從為人「君」者所扮演的「善群」本
色，及其同時還有引導世人共同創造群體生活價值的作用，說明
人君之價值：

> 人生不能無群。群而無分則爭，爭則亂，亂則離，離則
> 弱，弱則不能勝物。……君者，善群也。群道當，則萬物
> 皆得其宜，六畜皆得其長，群生皆得其命。④

由於「君」的角色地位對於人類開展群體文化具有極大的功能，
所以影響我傳統文化相當深遠的喪服制度，乃將「尊尊」之原則
與關係人類自然血緣最密切的「親親」原則，同時並列為服術最
重要的兩大根本原則，其旨即在於闡明人類於順遂親親之情以
外，還必須努力發揚尊尊之大義。

正因為喪服制度之訂定，不但必須滿足「親親之情」的充分
發揮，而且還要積極闡發「尊尊大義」之必要，所以《郭店簡》
中所出現的「為父絕君，不為君絕父」的服喪措施，倘若對照簡
文〈六德〉、〈五行〉等相關篇章中，已可明確凸顯人人必須實
踐「三重道德」的要求，且僅能說明該項服喪措施，旨在述說為
人臣子者倘若不幸同時遭遇父喪與君喪之時，「親親之情」比
「尊尊大義」雖然具有優先服喪之地位，不過，亦必須注重二者

之間的平衡與協調。至於詳加分殊其中的差異，又可區分為以下
各種情況：㈠君縱然尚未停殯，而臣有父母之喪，則為人臣者，
仍須先行返回家中為父母處理喪事；然而大夫之妻仍然須陪同大
夫參加國君之朔月奠、月半奠以及薦新之奠等重要活動。㈡君已
停殯，而臣有父母之喪，則為人臣者，亦如同第一種情況處理
君、父之喪。㈢君已啟殯，而臣有父母之喪，則為人臣者，仍須
先行哭禮之後，再趕赴為國君送葬之行列。㈣君已發引而行，而
臣聞父母之喪，則為人臣子者此時必須權衡輕重緩急，先行按捺
為父母之哀情，而一申為君尊尊之大義。㈤父母之喪已經發引，
而臣聞君薨，則為人臣子者，仍然應當先行為父母進行安葬之
禮，待父母之靈柩入窆，然後改服，至國君之處所哭喪以盡人臣
之禮（此五種狀況，詳見第二章第二節的討論）。

　　將人人必須實踐「三重道德」的準則，檢驗以上五種為人臣
子者併遭父喪與君喪之時權衡服喪的措施，可以清楚發現除卻第
四種狀況，為人臣子者必須先行實踐「尊尊之大義」以外，其他
四種狀況，為人臣子者均必須先行為父母處理喪事以盡人倫「親
親之情」，此正合乎世人必須實踐「三重道德」中屬於第一重的
人倫道德；至於在為父母服喪盡哀之期間，仍然必須參加為國君
舉行之重要喪奠之禮以誌哀，則屬於實踐第二重的社會群體道德
之層次。至於第四種狀況，為人臣子者必須先行實踐「尊尊之大
義」，則很明顯地站在世人必須踐行社會群體道德著眼，亦即由
於為人君者對於統領社會群體活動、創造社會群體價值具有特殊
貢獻，因而在情況特殊時，親情雖然重要，不過也要暫時斷之以
「義」，而先成全社會大義，然後再一遂私情。

　　總括上述為人臣子者遭遇此五種不同情況時的權衡措施，又可以發現世人之所以必須做此不同的權衡措施，務必使人不但能實踐人倫親親之道德要求，同時還必須兼顧對於社會群體道德之實踐，如此兩相兼顧而且求其相互成全的最高宗旨，即因為世人具有「天地之子」的身分，因而責無旁貸地必須履行其「天地之子」的責任，從實踐第三重的天地之德，促使人類能獲得永續之發展，期望世人無論生存與發展，均能與天地同其長久而厚實。

　　至於所謂人人應該實踐「天地之德」，乃是說明世人應該效法天地所具有的無不持載、無不覆幬之特質，以成就人類悠久博厚、可大可久之事業。然而天地雖然可以兼容並蓄萬事萬物，不過天地之間仍然有日月代明、四時相序、陰陽消長等相反相成而又彼此循環相生、相代而行的自然現象，正如年年歲歲不可能僅有春夏之成長，而無秋冬之凋零，甚且秋冬肅殺之氣，正所以用來長養春夏萬物欣欣向榮之能量。由此可見天地之「義」氣，正是促成萬物成長不可或缺之條件。本於天地有「義」氣以成萬物之長的事實，因而《郭店簡》中權衡服喪的措施，正可以達到「恩」、「義」併施，「親親之情」與「尊尊之義」兩相兼顧而可長可久之局面。

二、以「三重道德」的立場
檢視併遭昆弟與妻二喪時的權衡措施

　　《郭店簡》中記載，當世人同時併遭昆弟與妻二喪之時，則應該採取「為昆弟絕妻，不為妻絕昆弟」的權衡措施。若以「三重道德」的立場檢驗《郭店簡》的這項權衡措施，則可發現昆弟

與妻同樣屬於人倫關係中的「一體至親」，因而當面對此二喪衝突時的處理，主要偏在處理第一重人倫道德衝突時，對於輕重緩急事件應該如何權衡的不同。

只是昆弟與妻對於自己而言，雖然同為「一體」之親，不過昆弟為「手足」，而夫妻則為「胖合」，二者仍有稍微差異。「手足」乃生而使然，彼此具有血緣親親之關係；至於「胖合」，則為後來婚姻之牽合，彼此本無血緣關係。亦即「妻」本為外人，當其來歸而入於夫家，雖然即為夫家之本宗親屬，不過夫妻之間本無同源之血親關係，所以若依親屬之內、外位區分，則「昆弟」為內，而「妻」屬外位之親，因而夫妻儘管具有「胖合」的「一體至親」之事實，但是夫妻之相互服喪其實歸屬於「義服」之類。昆弟與妻對於自己既然有如此之差別，則於實踐人倫道德時，先為具有血緣之親的昆弟服喪，然後再為不具血緣關係的妻服喪，兩者交互服喪以各盡其哀，亦合乎先恩後義的服喪原則。

倘若從第二重社會群體道德的立場以檢驗為昆弟與妻的權衡服喪情形，在當時宗法社會的大環境下，自己與昆弟的關係屬於第一層次的原生社會群體關係，與妻結合為夫妻關係則為第二層次的衍生社會群體關係。由於自己與昆弟、妻的關係，有本末先後之分，因此倘若不幸併遭二者之喪，則採取「為昆弟絕妻，不為妻絕兄弟」的交替服喪方式，也能合乎先本後末、由內而外的順序原則。

倘若從第三重實踐天地之德的立場以檢驗為昆弟與妻的權衡服喪情形，則昆弟之間固然因為具有先天的「手足」血緣之親，所以得享先行服喪誌哀之優先地位；不過，若從天地有化育萬物

的生生之德著眼，則有關宗族繁衍、代代相傳，乃至於種族延續
的重責大任，夫妻（婦）卻絕對是最重要的關鍵，所以在為昆弟
服喪誌哀之後，無論就夫妻具有「私親」的「至親」立場，或者
更從妻（婦）擔負著延續種族的「造生之大義」而言，⑤為人夫
者都該好好為與己「胖合」的「一體之親」服喪盡哀。更何況
「君子之道，造端乎夫婦」⑥，而且倘若欲使「父子有親」，還須
先求「夫婦有別」，因為「夫婦」不但位居「五倫」的中間（堅）
地位，⑦同時也是《郭店簡》中人倫關係的「六位」之首；由此
又可見「夫婦」在人倫關係中的地位相當重要而特殊，所以從實
踐「天地之德」的立場來看，倘若不幸併遭昆弟與妻之喪，則不
但不可以對妻斷然無服，而且無論於「親」於「義」而言，都應
該為妻服喪盡哀，此也正好再度說明妻的地位特殊，以致就在喪
服制度的規畫中，為妻有時還會因為「加服」而成齊衰「杖」
期，至於為昆弟，最高仍然僅能停留在齊衰「不杖」期（其詳參
見第二章第二節的討論）。

三、以「三重道德」的立場
檢視併遭宗族與朋友二喪時的權衡措施

　　《郭店簡》在對比喪服制度中應該同服斬衰的父喪與君喪、
同服齊衰期的昆弟喪與妻喪之後，另外再提出第三類彼此雖然無
服，然而卻是人際關係中相當重要的宗族與朋友兩種人，認為倘
若併遭該二者之喪時，則應該採取「為宗族𨾔（殺、麗、離）朋
友，不為朋友𨾔（殺、麗、離）宗族」的權衡措施。

　　若從「三重道德」的立場檢驗《郭店簡》處理為宗族與朋友

服喪的問題，則可發現此種權衡服喪的方式，仍然偏在說明親屬關係即使再疏遠，都親於與己無任何親屬關係者，亦即由此說明第一重的人倫道德，無論如何都是人類必須優先實踐的道德。若從第二重的社會群體道德而言，則此處將朋友對比宗族，已經足以顯示戰國以來由於社會環境日趨複雜、人民的生活範圍日益擴大，因此對於與朋友的人際關係也逐漸注重，而朋友之間相交以信、相待以義的行為準則，更受到高度關注，以致喪服制度中還有「朋友，皆在他邦，袒免。」⑧之措施，已經與五世之宗族以袒免誌哀之方式相同。由此亦可以推論，在要求社會道義日益迫切的情況下，對朋友表示相當程度的關懷與哀傷，設法在併遭宗族與朋友二喪時，採行適當的權衡措施，是相當合乎社會群體道德發展的。

若從人人必須實踐第三重的天地之德而言，則儘量促使所有社會成員能夠努力實踐道德，正是有效發揚天地之德的最好保證。因此《郭店簡》特別提出同時併遭宗族與朋友二喪所應採取的應變之道，不但將人倫關係從專重「五服」之親的範圍，擴大到對於「百世不遷」的「無服」宗族層次的看重。除此之外，還積極擴展人與人之間「義」的層次，展現同道為朋、同志為友，朋友之間切磋琢磨、相責以善的道義責任，使世人能由於深受社會道義的薰染，所以能樂於實踐「四行之善」，然後逐漸進入「五行之德」的實踐層次，以體現天地的生生之德。

第二節 從《郭店簡》的倫常觀念 詮釋《論》、《孟》中的人倫公案

既然已從《郭店簡》中推衍出人人應該實踐「三重道德」的倫常觀念，說明人人不但應該履行人倫道德，同時也要成全社會群體道德，以達成對於天地生生之德的回歸；倘若將此倫常觀念對照《論語》、《孟子》中所載的著名人倫公案，並參照現存文獻對於該事件的評論與記載，則更能凸顯當時的社會對於倫常觀念的看法如何。以下即分別敘述之：

一、其父攘羊，而子證之

首先來看《論語》有關楚國「直躬者」的記載：

> 葉公語孔子曰：「吾黨有直躬者，其父攘羊，而子證之。」
> 孔子曰：「吾黨之直躬者異於是；父爲子隱，子爲父隱，直在其中矣。」⑨

此之所謂葉公，乃楚國之大夫沈諸梁，爲葉縣縣尹，因爲楚子僭稱王，所以縣尹僭稱公。⑩此章所載的背景，乃是南方荊楚之國的縣尹對孔子誇示其鄉黨中直躬者的行爲，然而卻引來孔子截然不同的「直」之理論，認爲「父爲子隱，子爲父隱」，而「直」就正在其中。而針對「其父攘羊，而子證之。」之事件，《呂氏

春秋》所載的原委較詳細：

> 楚有直躬者，其父攘羊而謁之上，上執而將誅之。直躬者
> 請代之。
> 將誅矣，告吏曰：「父攘羊而謁之，不亦信乎？父誅而代
> 之，不亦孝乎？信且孝而誅之，國將有不誅者乎？」荊王
> 聞之，乃不誅也。
> 孔子聞之曰：「異哉直躬之為信也，一父而載取名焉。」
> 故直躬之信，不若無信。⑪

同樣是記錄楚之直躬者，其父攘羊，而子證之的案件，然而《韓
非子》卻記載楚令尹對於此案件中的直躬者採取「殺之！」的處
理方式，認為該行為乃是「直於君而曲於父」，因此執而罪之。
同時韓非還根據此事，而有「夫君之直臣，父之暴子也。」之論
斷，更認為楚令尹誅殺此證父之直躬者後，卻產生楚姦不上聞的
不良影響。⑫對於此同一案件中直躬者的結局，《呂氏春秋》與
《韓非子》卻有不同的記載。從文獻的差異性記載，至少可以透
露以下的訊息：既然不同的文獻均以詳略不同的方式記載「直躬
者之父攘羊，而子證之。」一事，可見該事件當時可能普遍傳聞
於世，只是傳聞或有異辭而已；既然曾經發生該事件，然而直躬
者卻有或死或不死的差別，可知若非兩種文獻之中有誤，則其中
必定另有原因。

　　若將上述的記載對照《莊子》中子張與滿苟得的對話，從書
中假託滿苟得所作「直躬證父，尾生溺死，信之患也。」⑬之表

示，以及《淮南子》「直而證父，信而溺死，雖有直信，孰能貴之」⑭的記載，則所謂直躬者最後被殺之事，至少在當時應該是頗為流行之傳聞。對於直躬者最後被殺，宋翔鳳（1777-1860）即以為其中另有原因，主張：

> 兩書所記，一誅一不誅；異者。蓋其始楚王不誅，而躬以直聞於楚。葉公聞孔子語，故當其爲令尹而誅之。⑮

宋氏考慮各種文獻差異之處，衡情論理而加以疏通，致使兩相有別之記載能各得其所，所以贏得劉寶楠（1791-1855）的肯定。因為當時倘若並無直躬者因「直」被殺的傳聞，則無以激起《莊子》「信之患也」的反諷，更不可能導致《韓非子》發出「君之直臣，父之暴子」極端偏頗之詞，也難以引起《淮南子》「雖有直信，孰能貴之！」的憤慨。正因為有此層層糾結，所以歷來談論倫理兩難困境者，均以此為探討指標。然而這其中實在留有許多似是而非的人倫義理觀念，有待一一加以澄清。

　　針對此歷史公案，陳鴻森教授參考楊寬之〈春秋時代楚國縣制的性質問題〉，從葉縣的設置特質，說明其造成直躬者證父攘羊之事，乃出於當地特殊之社會結構狀態。由於葉之置縣，在楚惠王之時；當其時，楚國「僕區之法」已經行之有年，因此葉公治下之葉縣自亦不免施行此法。有關直躬者證父攘羊之事，前儒多以其徇「直」之虛名，其實則應出於作證者畏法論罪之私；至於葉公之與孔子談及直躬之事，則意在藉此以誇示其治下屬行法治之效。葉縣之所以屬行法治，其實與其特殊之社會形態有關：

因為葉公所治之葉縣，乃楚國之一縣，同時由於楚之設縣，又皆由其所滅之小國，或小國之舊都及邊地之別都改建而成；所以楚縣大抵都位在邊境之地，因而具有邊防作用。至於其社會形態，則屬於軍隊編制之戰鬥體制。因為葉縣地處要衝，所以葉公鎮撫如此重要邊防，自以屬行法治為要務。至於魯國之社會結構，則為以氏族血緣為基礎的宗法社會，因而力主「親親尚恩」，所以孔子所謂「父為子隱，子為父隱，直在其中矣」的現象，正是「親親尚恩」思想的體現。⑯陳氏能將直躬者證父攘羊之公案，具體落實於當時位居楚國邊防要塞之葉縣所處的特殊社會情境，然後對比其與魯國社會結構之差異，以致兩國各有截然不同的「直」之行為準則與模式，如此說法當然是更合理而具說服力的。

　　陳氏固然從回歸當時歷史情境之不同，以解說造成楚與魯之「直」的差異現象，不過由於《莊子》、《韓非子》、《呂氏春秋》以及《淮南子》等文獻記載所激起兩難倫理之存在困境，始終攪擾世人的生活，致使世人不但多有「自古忠孝不能兩全」的想法，⑰而且認為這種社會道德與人倫道德的矛盾現象，終究是中國社會與家庭中恆久的悲劇題材。

　　然而追溯世人時常引以為稱的「忠孝不能兩全」史例，從申生當時僅能謚為「恭」，稱為「恭世子」，⑱並不謂之孝子，⑲可見申生之案例並不合乎「忠孝不能兩全」矛盾衝突下的類型。至於《史記》所載石奢事件，石奢「堅直廉正，無所阿避」，行縣之時，遇道有殺人者，追之，乃知殺人者為其父親，於是縱其父而自繫之，並且上告於王曰：「夫以父立政，不孝也。廢法縱

罪，非忠也。臣罪當死。」雖然王以「追而不及，不當伏罪。」
相勉之，石奢卻以爲「不私其父，非孝子也。不奉主法，非忠臣
也。王赦其罪，上惠也。伏誅而死，臣職也。」於是終不受令，
自刎而死。⑳石奢之事件，從表象而言，的確有「忠孝不能兩全」
之嫌，且可以稱其爲社會道德與人倫道德相互矛盾現象下所釀成
的人間悲劇。不過，無獨有偶地，「其父攘羊，而子證之」與
「石奢因縱父而自刎」之事件，皆發生在楚國，則由此事例，可
以再爲陳氏以爲楚國屬行法治，以致臣民「畏法論罪」增加一歷
史見證。由於厲行依法治罪，因此楚王要以「追而不及，不當伏
罪。」相勉，然而石奢終以爲「伏誅而死，臣職也。」執意自刎
而死。由此可見，石奢之自刎，乃基於其對於楚國之「法」與
「罪」的絕對信仰與重視，以致無法接受「追而不及，不當伏
罪。」之勸勉，於是「自伏其罪」而死。因此從另一個角度而
言，石奢實應自認其所抉擇的乃是盡忠盡孝之舉，所以能慷慨就
死毫無畏懼，而非「忠」、「孝」衝突下的人間悲劇。

二、瞽瞍殺人，舜竊之而逃

　　至於《孟子》書中的一段假設問答，與石奢之事件類似，同
樣呈現社會道德與人倫道德的矛盾現象，其中的相關問題有待一
一加以梳理其中之糾結。不過，事件中的主人翁對於道德衝突的
處理，卻採取另一種生命的抉擇方式。《孟子》之記載如下：

　　桃應問曰：「舜爲天子，皋陶爲士，瞽瞍殺人，則如之
　　何？」

> 孟子曰：「執之而已矣。」
> 「然則舜不禁與？」
> 曰：「夫舜惡得而禁之？夫有所受之也。然則舜如之何？」
> 曰：「舜視棄天下猶棄敝屣也。竊負而逃，遵海濱而處，終身訢然，樂而忘天下。」[21]

《孟子》這一段記載與《史記》中的記載，雖然都有「父殺人」之事實，不過二者最大的差異處，在於前者為假設情境，而後者為歷史事件。前者為天子之父殺人，主人翁選擇「竊負而逃，遵海濱而處」的方式面對問題；而後者為理官之父殺人，主人翁則選擇自刎而死以伏其罪，形成人間之悲劇。

舜對於父之殺人，孟子使舜採取「竊負而逃，遵海濱而處」之方式處理此兩難困境。面對《孟子》的記載，司馬光（1019-1086）提出質疑：

> 瞍既執皋陶矣，舜烏得而竊之，使負而逃於海濱？皋陶外雖執之以正其法，而內實縱之以予舜，是君臣相與為偽以欺天下也，惡得為舜與皋陶哉！又舜為天子矣，天下之民戴之如父母，雖欲遵海濱而處，民豈聽之哉！是皋陶之執瞽瞍，得法而亡舜也，所亡益多矣。故曰是特委巷之言，殆非孟子之言也。[22]

針對司馬氏之質疑，余允文提出反駁：

> 桃應之問乃設事耳,非謂已有是事也。……蓋以法者,先
> 王之制,與天下公共為之。士者,受法於先王,非可為一
> 人而私之。舜既不得私其父,將寘之於法,則失為人子之
> 道;將寘而不問,則廢天下之法,寧并棄天下,願得竊負
> 而逃,處於海濱,樂以終其身焉,更忘其為天子之貴也。
> ……孟子之意,謂天下之富、天子之貴,不能易事父之
> 孝,遂答之以天下可忘,而父不可暫捨,所以明父子之道
> 也。㉓

面對桃應「瞽瞍殺人」之設問,孟子以「皋陶執之」、「舜不禁
皋陶」、「舜棄天下,竊負而逃,遵海濱而處,終身訢然」,發出
一連串的回應,使執法者與犯人、天子與執法者、父與子三種相
互對待關係皆能各得其所。其中前兩者「皋陶與瞽瞍」、「舜與
皋陶」均謹守彼此應有的分際行事,至於「瞽瞍與舜」雖然具有
父子血緣的密切關係,卻因「瞽瞍殺人」之特殊狀況,而使彼此
的關係趨於複雜,於是舜僅能行權而求其變,縱使有天下之富與
天子之貴,亦棄之猶如敝屣,竊負瞽瞍逃至王化不及之處,以成
父子天倫之樂。

錢穆先生則自舜的特殊地位以及處變之道,歸結出人情為天
理王法之本,而人情之培養,又當從父子開始:

> 「殺人者死」乃王法。然則父犯殺人之罪,其子皆可越獄
> 行竊,負父而逃否?是又不然。因舜為天子,若果至瞽瞍
> 於法,是不啻由舜置之法,天下更無為人子而可置父於法

之理。然舜又不能爲父而毀天下之法,則唯有棄位而逃。若在凡人,父死於法,則哭泣收葬,哀祭盡禮,如是則已。此是天理王法人情,三者兼顧,而人情實又爲天理王法之本。違情之法不可立,反情之理不當守,培養人情,則由父子一倫始。㉔

錢先生對於〈桃應問曰〉的解讀,明顯說明舜由於身分地位特殊,而人情又為天理與王法之所本,因而遭遇此突發狀況所採取的權變措施,即不可視之為常法,必須權衡輕重,變而求其本,由於尊重王法,於是僅能選擇棄位而逃、逍遙化外的方式,庶幾乎能於化外之境(「遵海濱而處」是相當重要的前提)樂得人倫,此即成為舜一生中無怨無悔、欣然自得的抉擇。因為父子天倫乃是一切人情之開始與根本,一旦本之不存,則其他衍生之人情亦無法隨之開展;所以舜的如此作為並不導致人情與理法的兩難衝突。

另外,若從舜「棄天下如敝屣」態度之堅決,以及竊逃至海濱之後「終身訢然,樂而忘天下」的優游自在,再輔以〈離婁〉「視天下大悅而歸己,猶草芥也,惟舜為然。不得乎親,不可以為人;不順乎親,不可以為子。」㉕之紀錄相互對照來看,可知舜始終以克盡事親之天倫為重於有天下之富貴。其中的道理,正如黃俊傑先生所指稱的,萬一「私人領域」與「公共領域」之間出現「責任的不相容性」問題時,則可以「血緣原則」以及「可取代與不可取代」的兩項原則,作為道德抉擇的依據;對於舜而言,竊父而逃以盡孝,乃是人子不可取代的責任,至於治天下之

責任，則凡有才德者皆可以南面而王，而未必非舜不可，㉖因此舜可以棄天下如敝屣。

　　同樣面對父子之情與君王律法的兩難困境，然而古人所作的抉擇並不相同：楚之石奢選擇伏罪以成全忠孝之德，另有楚子採取「其父攘羊，而子證之」以成其忠的模式，不過，《韓非子》有此直躬者冤哉枉死的記載；至於舜，則在孟子的安排下，採取竊父而逃卻樂忘天下以成其孝的結局。此兩種截然不同的結局，從表象上看，似乎顯現「忠」、「孝」與「性命」的強烈衝突，然而若深入其內以作進一步的分析，則如此鮮明的對比，更適切的解釋應為「純任法治」與「因情設法」何者合理、何者合乎人性的生命抉擇。

　　舜為儒家心目中的聖者仁君，其所以備受世人稱道，即在於其縱使父頑、母嚚、象弟傲，而舜終能「克諧以孝，蒸蒸，乂不格姦」㉗，表現其事親盡孝的人子之責；且其仁君的形象，則更來自其不但能「修己以敬」，且能「修己以安人」，並且還孳孳於「修己以安百姓」之工作，㉘非僅要求自己達到「修己」的「內聖」，同時還要在「安百姓」的「外王」中完成其「修己以敬」之德性。以舜如此之聖君形象，孟子竟然安排其竊負人犯而潛逃化外之地，且終身訢然，樂而忘天下；如此僅知顧及父子私情，而不顧及王法之戒律，且棄天下百姓於不顧的做法，堪稱僅知「一己之私」，而毫無「群體之義」。然而，孟子之安排，正緣於孟子堅信「君子有三樂，而王天下不與存焉。父母俱存，兄弟無故，一樂也。」㉙之道理，認為儒者固然應以「用世」為務，然而卻應專務在修習「天爵」；㉚至於「人爵」之是否果真能從

之,則應有如孔子所採取的「道之將行也與,命也!道之將廢也與,命也!」[31]之坦然態度,無法強求。因此面臨道德兩難之困境,則應發揮理性之功能,考慮何者方為順乎人情、合乎人性之方式,慎加權衡輕重之後,在顧及群我的情況下妥善地回應之,「自殺」只是逃避問題,而絕非解決問題之方法;所以,舜選擇「離群索居」的方式生活,乃是該情況下最尊重群體正義的適當回應。舜的作為,正足以告誡天下百姓:倘若貴如天子之父者殺人,為人子之天子尚且必須尊法行義,不可妨礙司法進行,另一方面,更不可以苟得其帝位,而應設法盡孝,至於是否能順利竊父潛逃,則亦有命矣!能盡心盡力至於如此,則於公私兩不虧欠,且無忠孝不可兩全之慮。

第三節　《郭店簡》服喪措施所凸顯的現代倫常意義

　　《郭店簡》中所呈現的服喪措施,從其中所載當一個人併遭二喪時,應當採取「為父絕君,不為君絕父;為昆弟絕妻,不為妻絕昆弟;為宗族ㄐㄧㄡ(殺、麗、離)朋友,不為朋友ㄐㄧㄡ(殺、麗、離)宗族。」的權衡措施,已明白顯示人與人之間的關係存在親疏遠近不同、感情深淺厚薄不一的現象;亦即由於血緣關係的親疏遠近不同,彼此在社會上相互往來的密切程度又有差別,因而彼此的感情就有疏密厚薄的差異,倫常關係就有輕重等級的分殊,於是在同時併遭二喪之情況下,就應該權衡彼此的輕重疏密關係如何,而採取相應的措施。

　　《郭店簡》的記載雖然遠在2300年以前，與現今相較，時空環境也早已經歷相當大的變革，不過簡文中所顯示出人與人之間應該具有一定的倫常關係則可以歷久而彌新。儘管現在人與人之間彼此應盡的權利義務與古之時已不盡相同，然而彼此之間更應該維持一基本的倫常關係，相互之間還應該講求有情有義等處世原則卻是古今如一的。從《郭店簡》的服喪紀錄以及相關記載所歸納出的倫常關係，正可以提醒當今之人應該對倫常關係加以尊重，並且還要努力實踐之。

　　目前的社會環境由於已無「君臣」這一倫的人倫關係，因此也不再有同時併遭君父二喪之情況，當然也不會有「為父絕君，不為君絕父」的權衡服喪措施。不過，卻應該將這種「君臣」之間的倫常關係，加以擴大且蛻變為現今社會中存在的長官與部屬、上司與下屬的相互對待關係。藉此鼓勵世人將往昔可貴的道義觀念，安插在目前最恰當的人際關係上，並且還要克盡彼此應盡的道義責任，時時以道相互期許、以義相互激勵，彼此肝膽相照、協力奮鬥，為實現共同理想與實踐社會公義而盡心盡力。苟能如此，則彼此縱然無血緣之親，終能因為職務工作上之提攜照顧，而有精誠相感、道義相結之親密關係，一旦任何一方遭遇不幸，則彼此雖然無相互服喪之規定，然而卻可以在「禮有以義起者」㉜的大原則下，各自按照彼此情分的深淺厚薄，為對方盡哀致意。

　　其次，簡文中「為昆弟絕妻，不為妻絕昆弟」的權衡服喪措施，由於古今家庭結構方式的巨大轉變，服喪措施也有所變動。以往同族共居的大家族形態已經不再存在，代之而起的，乃是小

家庭或者核心家庭結構。因此昆弟之間雖有「手足一體」的「至親」關係，然而由於結婚以後，手足昆弟多半各自為居，已鮮少會有共處同一屋簷下之親密關係；至於「夫妻」之間的共同體關係，則由於共同組織新家庭的緣故，致使彼此的關係日趨密切。以致五倫中的「兄弟」這一倫，雖然夾帶有血緣至親的先天優勢，但是由於社會結構的蛻變、家庭組織的變形，昆弟既已分居，則與「夫妻」之關係相較，昆弟間關係密切之程度，即不得不有下滑之趨勢。因此衡情論理，倘若現在再發生同時併遭昆弟與妻二喪之狀況，將不至於再有如簡文中所記載「為昆弟絕妻，不為妻絕昆弟」的情事發生。不過儘管緣於家庭結構組織的改變，以致無法再先為昆弟服喪盡哀，然後再為妻誌哀盡情；然而終不可因為這種服喪先後順位的改變而忽視昆弟的手足至親之情，畢竟血濃於水的親情是人情中最原始也是最根本的。穿戴喪服誌哀盡禮屬於「禮數」的層次，因此更動先後服喪的順位並無關立禮之宏旨；然而於生活當中念念不忘手足之情，時時克盡彼此應有的倫常義理，則屬於「禮義」的層次，終究不可稍加動搖。

最後，簡文中「為宗族𣎴（殺、麗、離）朋友，不為朋友𣎴（殺、麗、離）宗族」的權衡服喪措施，在人民遷徙自由頻繁且宗族不再聚族而居的情況下，宗族間的關係乃日漸趨於低落，至於朋友之間，則由於居處、工作以及職務關係而轉趨密切，因此現代人倘若同時併遭宗族與朋友之喪時，也未必還會遵守簡文中的先後順位服喪。不過，這些都是可變的「禮數」，至於不可變的「禮義」，則為處於現今的「地球村」世界，人與人之間更應

該擴大「四海之內皆兄弟也」③的胸襟與氣魄，多多發揮「同道
為朋，同志為友」④、「朋友相責以善、相詰以義」彼此互切互
磋、相互照顧激勵之作用。更由於朋友之間道義之相感，於是可
以適時加入「義親有服」的措施，藉此以平衡宗族之間由於無法
聚族以居而導致的感情疏離之遺憾。苟能如此，則可以在迫於社
會形態之改變，而減輕親情比重之同時，由於適時加入的人間溫
情，遂使人世間不至於因為工商社會的講求功利速效，而失去人
間應有的倫常與溫情；更由於人倫關係的維繫與溫情之相感，相
對的，也愈容易培養對於彼此的尊重與社會公義的認同，願意努
力實踐社會正義，而造就一個有情有義的現代社會。

注釋

①《禮記》〈三年間〉，見於漢・鄭玄注，唐・孔穎達等正義，《禮記正
　義》，收入《十三經注疏》（臺北：藝文印書館，1985 年 12 月），頁
　962，記載：「至親以期斷」，可見位居「至親」之位者，依照情理而
　言，本應服「齊衰不杖期」之最高本服〔其詳參見拙著，《喪服制度的
　文化意義——以《儀禮・喪服》為討論中心（臺北：文津出版社，2000
　年 10 月），頁 112.132-134〕。而所謂「至親」，則主要應參照《儀禮》
　〈喪服・齊衰不杖期・傳〉，見於漢・鄭玄注，唐・賈公彥疏，《儀禮注
　疏》，收入《十三經注疏》（臺北：藝文印書館，1985 年 12 月），頁
　355，所列的「父子一體也，夫妻一體也，昆弟一體也」的「一體之
　親」，至於在同為「一體」之中，則又有「父子首足也，夫妻牉合也，昆
　弟四體也」的區別。

②其詳參見《儀禮》〈喪服・斬衰三年〉，頁 346，記載應為之服斬衰者，

經文以「父」為首,而以「諸侯為天子」、「君」分別位居第二、三位,
至於傳文之說明其何以服斬衰之理由,則分別為「父,至尊也」、「天
子,至尊也」、「君,至尊也」,於此顯然可見「至尊」之因素在考量服
喪輕重短長上,具有絕對重要之地位。

③《呂氏春秋》〈恃君覽〉,見於陳奇猷校釋,《呂氏春秋校釋》(上海:學
　林出版社,1984 年 4 月),頁 1321。

④其詳參見《荀子》〈王制〉,見於清‧王先謙,《荀子集解》(臺北:藝文
　印書館,1988 年 6 月),頁 325-326。

⑤《周易》〈序卦傳〉,見於魏‧王弼、韓康伯注,唐‧孔穎達等正義,
　《周易正義》,收入《十三經注疏》(臺北:藝文印書館,1985 年 12
　月),頁 187,記載:「有天地,然後有萬物;有萬物,然後有男女;有
　男女,然後有夫婦;有夫婦,然後有父子;有父子,然後有君臣;有君
　臣,然後有上下。」由此可見男女結為夫婦對於締造人倫社會之重要。

⑥《禮記》〈中庸〉,頁 882。

⑦《孟子》〈滕文公上〉,見於漢‧趙岐注,宋‧孫奭疏,《孟子注疏》(臺
　北:藝文印書館,1985 年 12 月),頁 98,記載:「聖人有憂之,使契
　為司徒,教以人倫:父子有親,君臣有義,夫婦有別,長幼有敘,朋友
　有信」。

⑧《儀禮》〈喪服‧記〉,頁 397。

⑨《論語》〈子路〉,頁 118。

⑩其詳參見《論語》〈述而〉,頁 63,「葉公問孔子於子路,子路不對」章
　之《疏》。

⑪《呂氏春秋》〈仲冬‧當務〉,見於陳奇猷,《呂氏春秋校釋》(上海:學
　林出版社,1984 年 4 月),頁 596。

⑫其詳參見《韓非子》〈五蠹〉，見於清・王先慎撰，鍾哲點校，《韓非子集解》，收入《新諸子集成》（北京：中華書局，1998年7月），頁449。

⑬《莊子》〈盜跖〉，見於清・郭慶藩，《莊子集釋》（臺北：貫雅文化事業有限公司，1991年9月），頁1007。

⑭漢・劉安編撰，《淮南子》〈氾論〉，見於劉文典撰，馮逸、喬華點校，《淮南鴻烈集解》〈氾論訓〉（北京：中華書局，1989年5月），頁442。

⑮清・劉寶楠，《論語正義》（臺北：世界書局，1977年4月），頁292，引清・宋翔鳳，《過庭錄》之說，並贊成宋氏所說。不過，陳鴻森，〈劉氏《論語正義》參正〉，見於王叔岷先生八十壽慶論文集編輯委員會主編，《王叔岷先生八十壽慶論文集》，頁525-526，則認為該二書（《韓非子》與《呂氏春秋》）本非實錄，《正義》用宋君調停之言，轉屬膠固。至於筆者則認為《韓非子》與《呂氏春秋》固然所載並非全屬實錄，然而亦無法因為已經可以證明《韓非子》其後所載「魯人從君戰，三戰三北」之誤，而認定前面所述直躬證父之事亦為錯誤。細索宋氏之說與陳氏該文後面從其時代背景以探究該事之實，彼此並無必然的衝突矛盾之處，因此宋、劉之說亦未必不可留。

⑯其詳參見陳鴻森，〈劉氏《論語正義》參正〉，頁526-527。

⑰其詳參見黃俊傑，《孟子思想史論》（卷一）（臺北：東大圖書股份有限公司，1991年10月），頁103-109，引述石奢、田常自殺、衛宣公之子壽及朔從容就死、申生自縊等等諸多史事，乃「忠」與「孝」的兩難困局。吳冠宏，〈舜之兩難的抉擇：情法、群己、性命〉，《孔孟學報》第78期，頁144，則以為「桃應設問」的兩難，乃「情」與「法」的對峙衝突。

⑱其詳參見《禮記》〈檀弓上〉，頁115-116。

⑲其詳參見拙著，《少年禮記》〈恭世子不能算孝子〉（臺北：漢藝色研文
化事業有限公司，1999年1月），頁90-93。

⑳其詳參見漢·司馬遷，《史記》〈循吏列傳〉，卷119，見於日·瀧川龜
太郎，《史記會注考證》（臺北：洪氏出版社，1977年10月），頁
1278。

㉑《孟子》〈盡心上〉，頁240-241。

㉒宋·司馬光，《疑孟》，見於宋·余允文，《尊孟辨》，收入《四庫全書》
第196冊，頁527引。

㉓宋·余允文，《尊孟辨》，見於《四庫全書》第196冊，頁527-528。

㉔錢穆，《雙溪獨語》（臺北：學生書局，1981年1月），頁118-119。

㉕《孟子》〈離婁上〉，頁137。

㉖其詳參見黃俊傑，《孟子思想史論》（卷一），頁104-109。

㉗《尚書》〈虞書·堯典〉，見於漢·孔安國傳，唐·孔穎達等正義，《尚
書正義》，收入《十三經注疏》（臺北：藝文印書館，1985年12月），頁
26。

㉘其詳參見《論語》〈憲問〉，頁131，記載孔子以「修己以敬」、「修己以
安人」、「修己以安百姓」回答子路之問君子如何為政，並且述說「修己
以安百姓，堯舜其猶病諸」，正可以說明「修己以安百姓」乃是堯舜為政
最為關心之事。

㉙《孟子》〈盡心上〉，頁233。

㉚《孟子》〈告子上〉，頁204：孟子曰：有天爵者，有人爵者。仁義忠
信，樂善不倦，此天爵也。公卿大夫，此人爵也。古之人修其天爵，而
人爵從之；今之人修其天爵，以要人爵；既得人爵，而棄其天爵；則惑

之甚者也，終亦必亡而已矣。

㉛《論語》〈憲問〉，頁129。

㉜《禮記》〈禮運〉，頁439：禮也者，義之實也，協諸義而協，則禮雖先
王未之有，可以義起也。

㉝《論語》〈顏淵〉，頁106。

㉞分別見於《說文》，漢・許慎撰，清・段玉裁注，《說文解字注》（臺
北：蘭臺書局，1972年9月），第四篇上，頁150：朋，古文鳳，象
形。鳳飛，群鳥從以萬數，故以爲「朋黨」字。頁117：友，同志爲
友，從二又相交。

徵引及主要參考書目資料

書籍部分

（書籍之排列順序，主要依照作者或編者之時代排序，不全依照
出版年排序。）

一、經部

㈠禮類

《喪服變除》　漢・戴德　《叢書集成續編・漢魏遺書鈔》　臺
　　北：藝文印書館　1970 年

《喪服變除》　漢・鄭玄　《叢書集成三編・黃氏逸書考》　臺
　　北：藝文印書館　1972 年

《周禮注疏》　漢・鄭玄注　唐・賈公彥疏　《十三經注疏》
　　臺北：藝文印書館　1985 年 12 月

《儀禮注疏》　漢・鄭玄注　唐・賈公彥疏　《十三經注疏》
　　臺北：藝文印書館　1985 年 12 月

《禮記正義》　漢・鄭玄注　唐・孔穎達等正義　《十三經注疏》
　　臺北：藝文印書館　1985 年 12 月

《內外服制通釋》　宋・車垓　《文淵閣四庫全書》　臺北：商
　　務印書館　1983 年 8 月

《儀禮集編》　清・盛世佐　《文淵閣四庫全書》　臺北：商務印

書館　1983 年 8 月

《讀禮通考》　清・徐乾學　《文淵閣四庫全書》　臺北：商務
印書館　1983 年 8 月

《儀禮喪服文足徵記》　清・程瑤田　《皇清經解三禮類彙編》
臺北：藝文印書館　1986 年 9 月

《宗法小記》　清・程瑤田　《皇清經解三禮類彙編》　臺北：
藝文印書館　1986 年 9 月

《喪服經傳約》　清・吳卓信　《續經解三禮類彙編》　臺北：
藝文印書館　1986 年 9 月

《喪服會通說》　清・吳家賓　《續經解三禮類彙編》　臺北：
藝文印書館　1986 年 9 月

《儀禮管見》　清・褚寅亮　《續經解三禮類彙編》　臺北：藝文印
書館　1986 年 9 月

《白虎通疏證》　清・陳立　《續經解三禮類彙編》　臺北：藝
文印書館　1986 年 9 月

《禮記集解》清・孫希旦　沈嘯寰、王星賢點校　臺北：文史哲
出版社 1990 年 8 月

《大戴禮記解詁》　清・王聘珍　北京：中華書局　1992 年 1 月

《儀禮正義》　清・胡培翬撰　段熙仲點校　上海：古籍出版社
1993 年 7 月

《儀禮通論》　清・姚際恆著　陳祖武點校　北京：中國社會科
學出版社　1998 年 10 月

《少年禮記》　林素英　臺北：漢藝色研文化事業有限公司
1999 年 1 月

《宗周禮樂文明考論》　沈文倬　杭州：杭州大學出版社　1999
年 12 月

《中國禮文化》　鄒昌林　北京：社會科學文獻出版社　2000 年
5 月

《喪服制度的文化意義──以《儀禮・喪服》為討論中心》　林
素英　臺北：文津出版社　2000 年 10 月

㈡其他經類

《韓詩外傳》　漢・韓嬰　《四部叢刊正編》　臺北：商務印書
館　1979 年 11 月

《周易正義》　魏・王弼、韓康伯注　唐・孔穎達等正義　《十
三經注疏》　臺北：藝文印書館　1985 年 12 月

《尚書正義》　漢・孔安國傳　唐・孔穎達等正義　長孫無忌等
刊定　《十三經注疏》　臺北：藝文印書館　1985 年 12 月

《毛詩正義》　漢・毛亨傳　鄭玄箋　唐・孔穎達疏　《十三經
注疏》　臺北：藝文印書館　1985 年 12 月

《春秋左傳正義》　晉・杜預注　唐・孔穎達疏　《十三經注疏》
臺北：藝文印書館　1985 年 12 月

《論語注疏》　魏・何晏集解　宋・邢昺疏　《十三經注疏》
臺北：藝文印書館　1985 年 12 月

《孝經注疏》　唐・玄宗御注　宋・邢昺疏　《十三經注疏》
臺北：藝文印書館　1985 年 12 月

《爾雅注疏》　晉・郭璞注　宋・邢昺疏　《十三經注疏》　臺
北：藝文印書館　1985 年 12 月

《孟子注疏》　漢・趙岐注　宋・孫奭疏　《十三經注疏》　臺
　北：藝文印書館　1985 年 12 月

《四書集注》　宋・朱熹　臺北：世界書局　1975 年 6 月

《尊孟辨》　宋・余允文　《文淵閣四庫全書》　臺北：商務印
　書館　1984 年 2 月

《論語正義》　清・劉寶楠　臺北：世界書局　1977 年 10 月

㈢小學及考古類

《說文解字注》　漢・許慎撰　清・段玉裁注　臺北：蘭臺書局
　1972 年 9 月

《廣雅》《文淵閣四庫全書》　臺北：商務印書館　1984 年 2 月

《武威漢簡》　中國科學院考古研究所　北京：文物出版社
　1963 年

《甲骨文所見氏族及其制度》　丁山　臺北：大通書局　1971 年

《漢簡文字類編》　王夢鷗編　臺北：藝文印書館　1974 年

《帛書竹簡》　嚴一萍編　臺北：藝文印書館　1975 年

《漢簡綴述》　陳夢家　北京：中華書局　1980 年

《馬王堆漢墓帛書老子甲乙本》　北京：文物出版社　1980 年 3
　月

《簡帛佚籍與學術史》　李學勤　臺北：時報文化　1994 年 12
　月

《郭店楚墓竹簡》　荊門市博物館　北京：文物出版社　1998 年
　5 月

《郭店楚簡研究──第一卷文字篇》　張光裕主編　袁國華合編

臺北：藝文印書館　1999 年 1 月

《本世紀以來出土簡帛概述》　駢宇騫　段書安編著　臺北：萬
　卷樓圖書公司　1999 年 4 月

《荊門郭店竹簡思想研究》　丁四新　武漢大學博士論文　1999
　年 5 月

《竹帛《五行》篇校注及研究》　龐樸　臺北：萬卷樓圖書公司
　2000 年 6 月

《簡帛《五行》箋釋》　魏啟鵬　臺北：萬卷樓圖書公司　2000
　年 7 月

《郭店楚簡儒家佚籍四種釋析》　丁原植　臺北古籍出版有限公
　司　2000 年 12 月

《郭店楚簡先秦儒家佚書校釋》　涂宗流、劉祖信　臺北：萬卷
　樓圖書公司　2001 年 2 月

《郭店楚簡與早期儒學》　龐樸等　臺北：萬卷樓圖書公司
　2002 年 5 月

二、史部

《國語》　周・左丘明　臺北：里仁書局　1981 年 12 月

《戰國策》　漢・劉向　臺北：里仁書局　1990 年 9 月

《資治通鑑外紀》　宋・劉恕　《四部叢刊正編》　1979 年

《戰國史》　楊寬　臺北縣：谷風出版社　1986 年 9 月

《史記會注考證》　日・瀧川龜太郎　臺北：洪氏出版社　1977
　年 10 月

《先秦政治思想史》　梁啟超　臺北：東大圖書公司　1980 年 6

月

《中國古代社會史㈠》　李宗侗　臺北：中華文化出版事業委員
　會　1954 年 9 月

《周秦漢政治社會結構之研究》　徐復觀　臺北：學生書局
　1975 年 3 月

《中國古代社會研究》　郭沫若　石家莊：河北教育出版社
　2000 年 12 月

《中國封建社會》　瞿同祖　臺北：里仁書局　1984 年 6 月

《先秦文化史論集》　楊希枚　北京：中國社會科學院出版社
　1995 年 8 月

《中國封建結構探要》　李桂海　瀋陽：遼寧大學出版社　1987
　年

《周代國家形態研究》　趙伯雄　長沙：湖南教育出版社　1990
　年

《周代家庭形態》　謝維揚　北京：中國社會科學院出版社
　1990 年

三、子書及思想類

《亢倉子》　周・庚桑楚撰　《百子全書》　長沙：嶽麓書社
　1993 年 9 月

《商子》　周・商鞅　《百子全書》　長沙：嶽麓書社　1993 年
　9 月

《管子》　周・管仲　《百子全書》　長沙：嶽麓書社　1993 年
　9 月

《說苑》 漢・劉向 《百子全書》 長沙：嶽麓書社 1993 年
　9 月

《孔子家語》 魏・王肅注 《百子全書》 長沙：嶽麓書社
　1993 年 9 月

《荀子集解》 清・王先謙 臺北：藝文印書館 1988 年 6 月

《莊子集釋》 清・郭慶藩 臺北：貫雅文化事業有限公司
　1991 年 9 月

《韓非子集解》 清・王先慎 北京：中華書局 1998 年 7 月

《呂氏春秋校釋》 陳奇猷 上海：學林出版社 1984 年 4 月

《淮南鴻烈集解》 劉文典 北京：中華書局 1989 年 5 月

《孟子思想史論》（卷一） 黃俊傑 臺北：東大圖書公司 1991
　年 10 月

《陰陽五行及其體系》 鄺芷人 臺北：文津出版社 1992 年 12
　月

四、其他

《殷周制度論》 王國維 《王觀堂先生全集》 臺北：文華出
　版公司 1968 年 3 月

《雙溪獨語》 錢穆 臺北：中華書局 1981 年 1 月

《二十世紀中國禮學研究論集》 陳其泰、郭偉川、周少川 北
　京：學苑出版社 1998 年 6 月

《王叔岷先生八十壽慶論文集》 臺北：大安出版社 1993 年 6
　月

《郭店老子國際學術研討會論文集》 美國達慕斯大學 1998 年

5 月

《郭店楚簡研究》（《中國哲學》第20輯） 姜廣輝主編 瀋陽：
　遼寧教育出版社 1999 年1月

《本世紀出土思想文獻與中國古典哲學研究論文集》 陳福濱主
　編 臺北：輔仁大學哲學系 1999 年4月

《道家文化研究——郭店楚簡專號》第17輯 陳鼓應主編 北
　京：三聯書店 1999 年8月

《郭店簡與儒學研究》（《中國哲學》第21輯） 姜廣輝主編 瀋
　陽：遼寧教育出版社 2000 年1月

《郭店楚簡國際學術研討會論文集》 武漢大學中國文化研究院
　主編 武漢：湖北人民出版社 2000 年5月

《郭店楚簡國際學術討論會論文集》 武漢大學中國文化研究院
　編 武漢：湖北人民出版社 2000 年5月

期刊論文部分

〈漢簡《服傳》考〉（上、下） 沈文倬 《文史》 北京：中華
　書局 1985 年第24.25 輯

〈關於周代宗法制度中君統與宗統的關係問題〉 陳恩林 《先
　秦、秦漢史》 1989 年8月第8期

〈《禮》漢簡異文釋〉 沈文倬 《文史》 北京：中華書局
　1990 年第33輯

〈郭店楚簡儒家著作考〉 廖名春 《孔子研究》 1998 年第3
　期

〈楚簡〈五行〉試論〉 邢文 《文物》 1998 年第10期

（又收入《先秦、秦漢史》1999 年第 1 期）

〈郭店楚簡別釋〉 陳偉 《江漢考古》 1998 年 11 月第 4 期

〈郭店楚簡別釋〉 陳偉 《江漢考古》 1998 年第 4 期

〈郭店簡與《禮記》〉 李學勤 《中國哲學史》 1998 年第 4 期

〈郭店楚簡文字考釋十一則〉 袁國華 《中國文字》 第 24 期 臺北：藝文印書館 1998 年 12 月

〈郭店楚簡〈忠信之道〉考釋〉 《中國文字》 第 24 期 臺北：藝文印書館 1998 年 12 月

〈楚文字考釋三則〉 廖名春 《吉林大學古籍整理研究所建所十五週年紀念文集》 吉林：吉林大學出版社 1998 年 12 月

〈郭店楚墓竹簡文字考釋〉 黃德寬、徐在國 《吉林大學古籍整理研究所建所十五週年紀念文集》 吉林：吉林大學出版社 1998 年 12 月

〈郭店楚簡識字札記〉 周鳳五 《張以仁先生七秩壽慶論文集》 臺北：學生書局 1999 年 1 月

〈從郭店楚簡〈緇衣〉看今本形成的原委〉 邱德修 《臺灣師大劉正浩先生七秩華誕祝壽論文集》 臺灣師大國文系 1999 年 2 月

〈郭店儒簡〈性自命出〉所顯現的思想傾向〉 陳麗桂 《中國學術年刊》 第 20 期 臺灣師大國研所 1999 年 3 月

〈湖北郭店楚簡〈緇衣篇〉考釋舉例〉 邱德修 《紀念許世英先生九十冥誕學術研討會論文》 臺灣師大國文系 1999 年 4 月

〈郭店緇衣簡字詞補釋之二〉　孔仲溫　《第十屆中國文字學全
　國學術討論會論文集》　逢甲大學中文系　1999 年 4 月

〈郭店楚簡〈六德〉諸篇零釋〉　陳偉　《武漢大學學報》(哲社
　版)　1999 年第 2 期

〈郭店儒家簡與孟子心性論〉　郭齊勇　《武漢大學學報》(哲學
　社會科學版)　1999 年 5 月第 27 期

〈郭店楚簡與儒家的仁義之辨〉　羅新慧　《齊魯學刊》　1999
　年 5 月第 29 期

〈郭店楚簡〈唐虞之道〉新釋〉　周鳳五　《中研院史語所集刊》
　第 17 本第 3 分　1999 年 9 月

〈「德之行」與「行」的哲學意義〉　郭梨華　《第一屆簡帛國際
　學術討論會》　中國文化大學史學系　1999 年 12 月

〈楚墓竹簡中的從「昆」字及從「昆」之字〉　《中國文字》
　第 25 期　臺北：藝文印書館　1999 年 12 月

〈郭店楚簡散論㈡〉　顏世鉉　《江漢考古》　2000 年第 1 期

〈關於郭店楚簡〈六德〉諸篇編連的調整〉　陳偉　《江漢考古》
　2000 年第 1 期

〈論君臣服喪所凸顯的君臣倫理──以《儀禮‧喪服》爲中心〉
　林素英　《中國學術年刊》　第 21 期　臺灣師大國研所
　2000 年 3 月

〈郭店簡〈六德〉解詁一則〉　劉信芳　新世紀中國古文字學會
　年會論文　2000 年 10 月　又收入《古文字研究》　第 22 輯

〈釋〈六德〉「爲父繼君」〉　魏啟鵬　《中國哲學史》　2001 年
　2 月

〈郭店楚簡《六德》箋釋〉　顏世鉉　《中研院史語所集刊》
　　第 72 本第 2 分　2001 年 6 月

〈郭簡「為父絕君」的服喪意義〉　林素英　長沙吳簡暨簡帛研
　　究百週年國際學術研討會　2001 年 8 月

〈舜之兩難的抉擇：情法、群己、性命〉　吳冠宏　《孔孟學報》
　　第 78 期 2001 年 9 月

〈郭店簡「為父絕君」在服制中的文化意義〉　林素英　《中國
　　學術年刊》　第 23 期　臺灣師大國研所　2002 年 3 月

〈從郭店簡之「六位」到後世之「三綱」──儒家人倫關係新論〉
　　林素英　花蓮師院九十學年度師生論文發表會　2002 年 5 月

〈《郭店簡》服喪措施的文化意義〉　林素英　《經學研究論叢》
　　林慶彰主編　學生書局（排印中）

《簡帛研究》網站〈網上首發〉資料　www.bamboosilk.org

國家圖書館出版品預行編目資料

從《郭店簡》探究其倫常觀念：以服喪思想為

討論基點／林素英著. --初版. --臺北市：萬卷

樓, 民 92

　　面；　　　公分

參考書目：面

ISBN 957-739-425-6(平裝)

1.簡牘-研究與考訂 2.人道 3.喪禮

796.8　　　　　　　　　　　910223909

從《郭店簡》探究其倫常觀念

以服喪思想為討論基點

著　　　　者：	林素英
發　行　人：	楊愛民
出　版　者：	萬卷樓圖書股份有限公司
	臺北市羅斯福路二段 41 號 6 樓之 3
	電話(02)23216565・23952992
	FAX(02)23944113
	劃撥帳號 15624015
出版登記證：	新聞局版臺業字第 5655 號
網　　　址：	http://www.wanjuan.com.tw
E - m a i l：	wanjuan@tpts5.seed.net.tw
經 銷 代 理：	紅螞蟻圖書有限公司
	臺北市內湖區舊宗路二段 121 巷 28 號 4F
	電話(02)27953656(代表號)　傳真 (02)27954100
E - m a i l：	red0511@ms51.hinet.net
承 印 廠 商：	晟齊實業有限公司
定　　　價：	240 元
出 版 日 期：	民國 92 年 1 月初版